我的领航教育之旅

从伏尔加河到大凉山

赵 玲◎著

安徽师范大学出版社
ANHUI NORMAL UNIVERSITY PRESS
·芜湖·

图书在版编目(CIP)数据

我的领航教育之旅:从伏尔加河到大凉山 / 赵玲著. — 芜湖:安徽师范大学出版社,2022.9

ISBN 978-7-5676-5834-9

Ⅰ.①我… Ⅱ.①赵… Ⅲ.①教育—文集 Ⅳ.①G4-53

中国版本图书馆CIP数据核字(2022)第165932号

我的领航教育之旅:从伏尔加河到大凉山　　　　　　　　赵　玲◎著

责任编辑:蒋　璐　　　　　　　责任校对:汪碧颖

装帧设计:王晴晴　汤彬彬　　　责任印制:桑国磊

出版发行:安徽师范大学出版社

　　　　　芜湖市北京东路1号安徽师范大学赭山校区

网　　址:http://www.ahnupress.com/

发 行 部:0553-3883578　5910327　5910310(传真)

印　　刷:苏州市古得堡数码印刷有限公司

版　　次:2022年9月第1版

印　　次:2022年9月第1次印刷

规　　格:700 mm×1000 mm　1/16

印　　张:15.5　插　页:2

字　　数:220千字

书　　号:ISBN 978-7-5676-5834-9

定　　价:55.00元

凡发现图书有质量问题,请与我社联系(联系电话:0553-5910315)

作者参加全国"两优一先"表彰大会留影

序　言

近日，收到赵玲校长的书稿，托我写序，我欣然应允。翻开书稿，脑海中呈现的已不再是一行行文字，而是一个优秀校长的成长历程。2009年，她从江南名城芜湖，来到教育部小学校长培训中心参加全国第30期小学校长高级研修班的学习。那一期有来自全国各地的72位优秀校长，赵玲校长性格开朗大方，课上如饥似渴地向师长学习，课下逐字逐句地向校长同学请教，并被大家一致选为班委，热心地为大家服务。这个班结业后，她和几位校长成立了班级联盟会，并担任秘书长。十几年来，她每年坚持组织大家开展交流研讨活动，为各地校长和教师的专业成长搭建平台。赵校长把学到的知识灵活运用到工作当中，以文化引领学校发展，在当地率先开展"名校办分校"工作，成立了教育集团。学校风清气正，党旗、团旗、队旗"三旗联动"，把立德树人落到了实处，成为老百姓最满意的优质学校。多年来，她凭着自己的毅力、勤奋和对教育事业的执着追求，成为教育部领航名校长工作室主持人、全国优秀教师、全国中小学优秀德育课教师。建党百年之际，她还作为全国优秀党务工作者赴北京参加庆祝活动，并接受党中央的表彰。作为她的导师，看到她的成长，由衷地感到高兴。

这本书是赵玲校长在担任教育部领航名校长工作室主持人时，跟随教育部教师工作司在俄罗斯开展学习培训，以及响应教育部号召，带领工作室成员前往全国深度贫困地区大凉山，开展教育帮扶支教活动的记录与思考。全书以日记和日常工作记录的形式，实事求是地呈现了赵玲校长在俄罗斯学习的过程，记录了当时的所思所想，并适度借鉴了俄罗斯爱国主义教育的形式与方法，在集团学校构建了"大思政"育人格局，办学成果显著。同时，她和工作室成员成立了教育共同体，不仅自己克服种种困难，去凉山州喜德县思源实验学校支教，将思想政治引领融入脱贫攻坚教育帮扶实践，还带领近20所学校的校长、骨干教师走进大山，为学校把脉问诊、送教送培，受援学校管理、党建工作、校园德育、教师专业成长等都有了翻天覆地的变化。一年多的时间，喜德县思源实验学校就连续获得十多项各级各类荣誉称号，使贫困地区一所刚成立的少数民族学校迅速成长为当地的优质学校，支教团队也成为教育部和中宣部表彰的凉山支教"最美支教团队"。全书没有华丽的辞藻，叙述平实、记录真实、反思深刻，值得一线的教育工作者闲来一读。

多年来，我一直关注赵玲校长的成长，到芜湖市师范学校附属小学给行政管理团队和教师讲过课，做过校园观察，也和在学校跟岗的长三角名校长、大凉山的老师们交流过，亲身感受到基层校长的激情和一线教师的热情。真心期待有更多的优秀校长，从实践做起、从基层做起、从点滴做起，脚踏实地，积小流而成江海，饱含教育的情怀，做好校长、教好书、育好人，为党和国家培养更多更优秀的社会主义建设者和接班人。

教育部小学校长培训中心常务副主任
北京师范大学校长培训学院院长

2022 年 4 月 26 日

目 录

行走在伏尔加河畔

集结号正式吹响

　　2018年10月27日，"校长国培计划"中小学名校长领航班海外培训项目俄罗斯团开启行程，集结号正式吹响。虽然秋日的北京寒风呼啸，但来自全国不同省份不同基地的领航班校长依旧热情满满，陆续向北京集结，准备远赴俄罗斯。一路上，班级群里热闹非常，还未出行，都已按捺不住激动的心情，互相交流分享起俄罗斯学习的注意事项和俄罗斯教育的相关内容。在和大家热烈的讨论中，结合本校的实际情况，我也逐渐明晰了调查研究的方向和本次学习将要侧重的主题。

　　在中国教育国际交流协会的会议室里，出国（境）培训团组的行前培训会正在认真严肃地进行。教育部教师工作司、中国教育国际交流协会等各部门负责人就出国（境）培训做了具体的工作布置和要求。校长们认真学习《出访手册》，研读并签订了境外学习的承诺书。根据赴俄罗斯培训学习的需要，在教育部教师工作司的建议和大家的讨论下，决定成立临时党支部，由教育部教师工作司王薇处长担任临时党支部书记、中国教育国际交流协会冯俊英主任担任办公室主任，邀请此次跟随出访的第一批领航班名校长、云南玉溪第一小学的杨琼英校长担任班长。班级成立了四个学习小组，分别由天津市岳阳道小学褚新红校长、重庆市谢家湾小学刘希娅校长、芜湖市师范学校附属小学赵玲校长、长沙市麓谷小学左鹏校长担任组长，负责开展培训学习的具体工作和调研报告的资料汇总与撰写。

华灯初上，我们的分组交流在持续进行中。大家明确了各自的学习方向和研究主题，在交流与研讨中，校长们由陌生到熟悉，欢声笑语回荡在北京的夜空……

从北京到莫斯科，虽然机舱比较宽阔，但八个多小时的"空中旅行"也并不那么轻松惬意。北京时间接近凌晨（莫斯科当地时间晚上六点），我们终于落地莫斯科。清新冷冽的空气扑面而来，这种凉意瞬间拂去了大家疲惫的倦容，身体里的每个细胞仿佛立即就被激活了，星夜兼程，如约而至，莫斯科，我们来啦！

稍显漫长的过关程序之后，来接我们的翻译带领大家上了大巴车。此时已经是晚上七八点了，和中国一样，莫斯科堵车也是常态。一路上，我们一边倾听翻译对俄罗斯的简单介绍，一边欣赏莫斯科的夜景。半个多小时后，还空着肚子的我们，走进了抵达俄罗斯后的第一个中餐馆，虽然只有小小的门厅，里面却是中国传统文化的装饰，让我们有了"宾至如归"的感觉。

由于和北京有着五个小时的时差，并且明天就要开始进入学习状态了，到了酒店，大家来不及仔细体会异国风情，便匆匆洗漱，飞快地进入了梦乡。

2018 年 10 月 27 日　北京　多云

开启领航学习新模式

10月29日清晨，大家精神抖擞地来到莫斯科国立师范大学，丝毫看不出时差影响的"痕迹"。走进莫斯科国立师范大学的学院大厅，满目都是莫斯科国立师范大学出版的各类教育图书，虽然都是俄文，我们也看不懂，但大家还是通过插图，大致了解了图书的种类，从低幼到成人教育，门类很多，琳琅满目。

上课的地点在528教室，我们乘上古老的电梯，走进课堂。

开班仪式开始。莫斯科国立师范大学访学接待方负责人和翻译人员主持仪式，教育部教师工作司王薇处长在开班典礼上致辞："近年来，国家主席习近平和俄罗斯总统普京开展了一系列的友好互访活动，两国人民的感情也在不断升温，在这个友好和睦、其乐融融的背景下，我们带着期许与期盼来到了莫斯科，期待学习更多俄罗斯先进的教育理念、课程设置与改革等。总之，我们充满了期待……"

王薇处长优雅大方的致辞感动和激励着全体参训人员，她代表本团向莫斯科国立师范大学赠送了中国师生的书法作品。

简短的开班仪式之后，莫斯科国立师范大学社会科学和人文教育学院教育系统管理教研室主任、教育学副博士、副教授贡恰尔·玛利亚·瓦列里耶夫娜开始介绍本次在莫斯科国立师范大学的培训课程，然后给大家作了讲座，题目是"俄罗斯初等教育公立教育机构发展现状、特点及存在的问题"。讲座开始之前，瓦列里耶夫娜副教授和大家交流，了解我们的想法，并从俄罗斯的教育现状、教育理念、教育管理、教育创新等方面开始了她的讲座。

据教授介绍，俄罗斯的教育现状如下：

普通教育——幼儿园：学前教育阶段（0～6岁）；小学教育：小学教育阶段（一至四年级，6～11岁，一般7岁上学）；中级教育阶段（五至九年级，11～15岁）；高中教育阶段（十至十一年级，15～18岁）。学生可以跳级一年，也可以留级一年。

中等职业教育——九年义务教育之后，学生可以选择中专进行学习。

高等教育——大学本科、硕士、博士（大学以上教育是非义务教育），获得高等学历可以增加就业率。

翻译老师认真解读，校长们聚精会神地聆听，学习热情高涨，不时提出自己的疑问，讨论热烈。

大家提出问题：俄罗斯联邦教育改革和地方教育改革有哪些？教育内容是全国统一的吗？2011年的变革有没有正式的文本？教授一一认真回答：联邦教育改革是必须实施的，地方教育改革可以在这个基础上进行；俄罗斯联邦会提供几套课本，俄罗斯居民可以登录联邦教育网站，了解课标内容，每个学校都需要自己制定一套教育体系；2012年12月29日，俄罗斯宪法273号法案把改革系统立法，即先实施改革而后立法。

根据俄罗斯宪法273号法案第79条，俄罗斯教育机构进行民主、自主管理，在教育系统管理中，教学机构包括最高联邦性质、州政府性质和市级性质教育机构，他们对教育系统进行规划、参与和推动。

俄罗斯每年都会进行质量督察和考核，有两种管理积分系统，一种是教育管理积分系统，主要是对全国性教育课本的开发和研究，包含给各类教育机构颁发证书和年检，另一种是教育质量独立积分系统。这两种管理积分系统的不同在于，第一种由国家管理，第二种是社会机构可

我的领航教育之旅——从伏尔加河到大凉山

以用的。在俄罗斯，九年级要参加全国统一考试（九年级中考），其他二至十年级每年统一考试（俄语和数学单独考试），纳入国家质量检测。俄罗斯正在进行一次新的教师考试，以前是五年一次，现在正引入一个全国教师考试的法案，全国统一出题和检测。

之前，每个教育机构的制度都是由学校领导提案，然后全体教师审议通过。现在，由相关管理机构出台校规，然后由校长来实施，学校大会和教师会是必须设立的，其他组织根据学校的需要设立，如学生会、监督会、家长会等。学校大会是对学校重要法律的实施进行表决，教师会的职责只涉及教师权利和职责。教师会每年开4～12次会，主要是研究会，研讨学生学业的完成情况、对本年度的中高考进行质量分析、决定一些重要的教育事项。一些学校还设有董事会。董事会主要是资金投资的管理（多设立于私立学校），2010—2015年比较流行，现在学校教育投资充足，大部分学校已经取消了董事会。

学校已设立管理委员会的，一般不设立学生会。学校的管理委员会有内部的章程，工作小组分为经济、法律和教育方面的小组，但是管理委员不会进行教育的管理。以莫斯科为例，管理委员会的职责主要是关注和实施学生的安全问题，建设高质量的教学环境。学校的主旨是让每一位学生了解学龄段知识，创设学生德智体美劳多方面发展的条件和环境。学校补充性的课程可以由国家、城市和学校家长筹款，由学校自主实施。学校要给学生提供高质量的教学环境，所有学生都要接受补充性课程的学习。俄罗斯学校注重信息化教育设施的建设，所有学校配有电脑室、投影仪、电子阅览室和俄罗斯自主研发的电子系统（电子学校），教职人员不能使用信息化教育设施完成教学的，由学校出资培训，对教师进行一对一帮助。

学校的领导团队由校长、第一副校长（管理资源）、多位副校长（分管教学质量，教学内容，学生教育、补充内教育、社会联系等）、主会计师等组成，副校长也可分为小学部副校长、初中部副校长、高中部副校长。莫斯科所有的学校负责幼儿园到高中阶段的教学，其优点在于优质教育资源可以交流共享。同时也有试点学校，中等职业学校在改制，负责幼儿园到职业中专阶段的教学。

俄罗斯工作日的中午一般没有午休时间，下午的课程很快就开始了，由谢尔盖教授主讲"信息社会下俄罗斯初等公立教育机构治理结构及教学管理创新"。

谢尔盖教授的讲座信息量很大，他首先谈到现代社会人员的流动性逐步增大，10年就是一个周期，海外教育产业投资的不可控因素更大。随着信息技术的发展，教育模式需要改变。

他说到，当今教育产业面临的机遇和挑战：教育产业慢慢变成了一种服务产品，有一定的资本价值。在飞速发展的信息化时代，知识也在快速累积，存在知识过量、过剩的问题。在网络信息化时代，人与人之间面对面的交流沟通相对减少，过多地依赖信息化产品，且有时难以在广阔的互联网上获取有效而真实的信息。

1920—1930年，俄罗斯进行全民扫盲；2000—2017年，进行网络知识的全民培训。现在俄罗斯所有针对市民的服务窗口已经完全数字化、电子化了，这些对于50～70岁的人来说，是需要时间适应的。俄罗斯还利用学校和社会资源，对市民进行网络和信息化培训。同时，信息化社会也带来一定的负面影响，比如长辈的权威性在孩子心目中降低。

学校承载着家庭和国家的期望，也承载着社会的期望。如果家庭对学校教育不满意，可以选择在家教学，只要按时到指定的学校参加考试和测验就可以了。现在尤其是初级教育的四年，有越来越多的家庭选择在家里教育孩子。这样的家庭，对教育有很多自己的新需求，学校对他们而言，不再是独立存在的，它存在于社会大的环境之中。因为信息获取渠道的多样化，也导致大家对信息接收和处理更加个性化。

谢尔盖教授说如果是以前的话，他有可能生活在阿尔泰地区的小镇上，他的认识只会来自书本，但是现在他的世界变得很大。文化的多样性、移民文化的冲击、社会贫富差距越来越大等导致很多社会问题出现。譬如，20世纪90年代对于俄罗斯社会来说是个动荡的阶段，当时学校不经意间变成了展示财富的平台，学生的攀比心理严重。短短的20年，社会发生巨变。教育的挑战来自经济多元化和产业多样化。以前人们是获取知识、储存知识，当今社会是更新自己对于社会的认知。现在的教育工作者有不同的看法：一部分人认为，基础教育要扎实；另一部分人认为，学会处理大量信息应该成为学生必须学习的内容。对于21世纪的教学，大家要有一个新的认知，即要教会学生自主学习、获得更多专业的知识，教会学生在大量信息中主动获取知识，包括未来就业等专业知识。自主学习的核心是面对知识快速的更新换代、面对飞速发展的技术革新和管理创新、面对社会新事物等，教会学生要有一个强大的内心准备。俄罗斯教育学家康斯坦金认为，立刻教会一个人是不可能的，教育是一个长期系统的学习过程，所以自主学习、快速学习新知识的习惯等这种新的学习思维应该慢慢渗透给学生。

学生对教师最信任的时期就是一到四年级，教师要教会学生创新型的思维模式，要教会学生学会合作共赢，在团队中找到适合自己的角色，并且承担责任，还要培养学生信息处理时辨认辨识的能力。

推动十一年制义务教育，这不是国家的倡议，而是国家的责任和义务。如果遇到困难，要积极面对，国家要对每一个学生负责。例如，学前教育中，有很多孩子不上幼儿园，尤其是多孩家庭。如果在家教育结果不好，学校要负责任。所以如何正确地给每个家庭提供教学设计和教材，把家长培养成教师，这也是学校需要考虑的问题。

国家对孩子的培养不是从教室出来就结束，而是让学生在自由的时间和地点学习。莫斯科作为试点城市，现在剧院、博物馆、公园都设立了学习地点，还出现了一个新的职业——陪伴孩子成长的专员。俄罗斯学生每天8：30—12：30上课，下午就可以参加各种团体活动，也可以参观博物馆，由家长自由支配……教育的不间断性，需要终身的教育体系。谢尔盖教授说现在需要把自己获得的知识更加精准化，当今社会迅速发展的情况下，也许5到10年，他的职业就消失了，所以需要继续学习，获得新的特长。

国家应当提供一个全民覆盖的教育，要不断寻找新的教育方式和教育工具。在家自主学习的群体在增多，说明了教育的体制无法满足在家上课人群的需求。这就要求我们，不是先去教育孩子而是教育家长，由家长传授知识。

北京时间23：00，课程还在继续进行，谢尔盖教授讲得津津有味，翻译女士"乐此不疲"……

北京时间23：10，王薇处长总结下午的课程，高度概括并评价谢尔盖教授的课程特色为逻辑清晰、生动有趣、实践真知、收获颇丰。我们学习了很多、收获了很多，感谢谢尔盖教授给我们带来的精彩讲座。

夜深了，我们也放学"回家"咯！

2018年10月29日　莫斯科　阴

又是认真学习的一天

10月30日，"校长国培计划"中小学名校长领航班海外培训项目俄罗斯团开启了第二天的培训课程。

莫斯科国立师范大学社会科学和人文教育学院的奥西泼娃·奥莉加教授和教育管理学院娜塔莉亚教授，分别就俄罗斯的教学环境对学生发展的影响、现今俄罗斯的教育标准及教学方法等问题做了专题报告，与领航班学员进行了深入的探讨交流。

上午，莫斯科国立师范大学社会科学和人文教育学院的奥西泼娃·奥莉加教授与大家分享了她的研究成果，学术报告的主题是"教学环境对学生发展的影响"，这也是她多年来的主要研究方向。

奥莉加教授一上课就开门见山，直奔主题。维果斯基说过，良好的教学环境就是孩子学习坚实的基础，俄罗斯对教学环境的创造非常注重。今天她结合具体的案例向我们介绍了俄罗斯教育学家、学者关于教育环境方向的研究成果和心得。

1870年，俄罗斯教育学教授就提出教学和教育环境的概念。教育学家沙斯基是首先提出这个观点的人：教育教学要围绕学生的环境，应当创造让孩子们有学习愿望的氛围。教育学家马卡连柯在青少年管教所工作过，非常重视环境对小学教育的影响。他率先提出低年级学生就要开始培养团队意识。因为学生与他人和团体的互动，本身就是宝贵的教育资源。

根据专家的研究成果，可以得到统一的结论：教育环境对儿童的发展和学习有着非常大的影响。大量的信息环境和社会环境有时会负面影响孩子，需要有效地隔离。作为教师，在教学过程中，要教会学生自主辨识的能力，要教会学生与朋友交往，学会为自己的决定负责任。作为学校，要创造良好的教育环境，因为学生不仅受到家庭和社会的影响，更重要的是受学校教育的影响。

教育心理学教授雅思文说，有什么样的教育环境就会创造什么样的学生。

学校的教学环境对孩子的教育非常重要。俄罗斯相关的法案对此进行了明确要求。如初级教育阶段的教学环境是开放的、积极的、便利的，教学环境的设置必须符合孩子健康身心的发展。教学环境对于教师和学生来说，必须是环保的，对师生的心理和生理有积极影响的。如，装修风格要美丽而明亮；建筑外墙要有明亮的色彩，要达到环保标准等。

学校必须有大型操场、绿化设施、健身娱乐器材、水电供暖等，室外的设施设计考虑到不同年龄学生的需求等，学校还要关注残疾儿童的教学需求，学校所有的物资和技术的投入，最终的目的是让孩子在优越的环境中成长。

对于室内教学环境的环保要求，已经写入了俄罗斯卫生教育部门的法案。如，教室不应该摆放过多物品，以免影响学生的注意力，建议摆放绿植或辅助教学的工具等；教室两面墙上可以悬挂教育类信息和课余生活的展示，也可以悬挂班级一角、剪纸报；侧墙信息内容应定期更换，内容要让学生感兴趣，也可以让学生自主设计展示，目的是提高学生的动手能力以及对周边空间创造、改造的能力。

奥莉加教授总结，积极的影响对孩子非常重要。学校要把空余的空间利用起来，让学生在校时可以自我思考。国家会对学生进行项目测试，考察学生的心理健康。

奥莉加教授的教学成果目前已经汇集成册并出版，如《儿童健康教育管理》《环境教育成果文章集》《技术应用于学校阶段对孩子健康发展的操作实例与办法》等，全系列共有5本。

以前，俄罗斯争创健康学校，主要是健身器材设施使用、体育项目兴趣班、举办体育比赛项目等，现在基本已经达标。国家要求一到四年级的每个孩子都要参与进来、都得到发展。

我们在一到四年级课程表上可以看到，第一节课后吃早餐，第五节课后吃午餐，然后户外活动。所有学校或有自由泳池，或和其他地方合作，学生都可以去游泳。学校二年级就开设游泳课，所有学生必须学会游泳。下午有语言辅导班、心理辅导班，留校全天制的孩子有个下午茶（水果、面包、一杯茶），孩子们也可以选择兴趣班或自由学习。费用一部分由国家支付、一部分由家长支付，方案由各州自己决定，但是必须低于市场价格，政府会有严格的质量和价格监控。参加两个以上兴趣班的学生另外收费。比如，孩子数学不好，可以安排免费的数学培训，如果需要一对一培训，就要额外收费。学生每天在校时间8~10小时，早餐和午餐在学校吃，学校小卖部也可以买到吃的。学生餐的原材料由厂家直接供应，不允许有中间环节。

教学环境中社会因素对孩子成长存在影响。俄罗斯是多民族国家，每个班级学生的构成也是多元化的。因为家庭宗教信仰和习惯各不相同，学校会制定基本准则，以方便管理学生。教师要充分了解学生，教育学生学会团体协作，学会相互包容、相互谅解。

每个班级就是一个团体（有10~20个民族），每个人都是独立的个体。孩子团体安全的认知教育非常重要，包含行为准则、简单的法律知识普及、安全出行、在社会活动中保护自己、课间安全隐患排除、如何正确表达自己的诉求、如何拒绝别人等。一到四年级对自我管理的培养会影响到高年级的学习，所以要培养学生学会思考，善于在自己身上找问题的能力。

以前，学校每个班都会按照小队来分，现在是按照小组来分。这种团体的教育让大家了解到我们是一个整体、一个团队，但是有自己要扮演的角色和自己要担负的责任，要积极引导学生做积极向上的有益之事。此外，团体劳动、分小组户外活动都是团体内部建设非常好的方式。例如，低年级的学习，可以让学生尝试各种各样的角色：领导者、参与者等，帮助学生找到自己在团体中的定位。

俄罗斯的学校非常注重学生精神层面的发展，一到四年级都有思想品德教育。例如教育学生如何做一个温和、不暴虐的人，正确引导学生，具有同理心、同情心，在困难的情况下互相帮助。

人最基本的善恶是非观是没有种族和民族差异的，对于所有人都是一样的。现在有的孩子甚至有一代人可能认为做个善良的人一点都不酷，所以教育学生要拥有一颗善良的心，这也是学校教育的内容。要树立正确的价值观，不要总想着获得什么，更多的要想到创造些什么、学习到什么，是给予而不是获取。学校要加强对学生进行这些方面的教育。如，关爱社会弱势群体，给别人送祝福和礼物，自己制作手工品送给孤儿院、老人院的人们等，要教育学生学习英雄事迹，做个爱国的公民、做个好人等。

俄罗斯科学院院士阿卡扎扬认为，20世纪没有太多选择，环境改变人，而21世纪更多的则是人要改变环境。教育家乌申斯基说，最好的教育方法就是让孩子成为自己的老师。

作为教师，要教会学生如何自主地学习某个课程。其实，不听话的孩子不是坏孩子，也许他思考能力比较强、动手能力也比较强，只是我们没有找到通往他心里的钥匙。教师不仅仅是传授知识，更多的是启发学生，做孩子的助手或辅导员，鼓励孩子自己去获取知识。每个孩子心智和智力发展的速度不一样，有的很快，有的需要多一点时间。分数不重要，重要的是创设让学生健康成长的教育环境。

教师给孩子正面的压力，只是短期的效果，长期来看，对孩子们的人格会造成负面的影响。要把填鸭式的教学，改变为启发式、辅助式的教学。俄罗斯人口少，所以要让每个孩子成长为独立、有强大内心的个体，拥有民族骄傲感和自豪感，长大成为受人爱戴的人。俄罗斯人强大友好、稍带慵懒，俄罗斯是一个有着强大信念和公德心，为了自己国家可以勇敢站出来的民族。教师要让学生树立信心，有自主学习的愿望，从而成为一个更加优秀的人。

法国的卢梭说，要让孩子成为智慧的人，就要让孩子多跑多动，拥有强健的体魄。要使孩子们身心健康成长，教学过程中就需要使用一些辅助的设施，来帮助孩子自主成长。

幼儿园的孩子进入小学是个巨大的转变，要把玩好变成学好，最好的方法是寓教于乐，在玩中学。劳动、学习和玩，哪项最难？孩子们说是学习。如果让大脑一直保持在思维敏捷的状态，一定要有个强大的体魄支持。75%的成年人的疾病都是幼儿时期运动量不够留下的影响，所以，每10~15分钟要让孩子们做个课间操活动活动。孩子们刚来上课时，是想好好学习的，但是他太小了，他的身体还在成长，上课过程中就会分散注意力了，他有内心活动的时候是听不见老师在说什么的。

学生还没有适应学习生活，主要有以下的表象：回答问题抓不住重点、体育运动过后很难回到学习状态、突然被提问时不知道说什么、作业完成时间很长……这就需要教师重点关注孩子的学习状态。教师可以转移注意力，在课上进行课间操或游戏活动，来帮助学生恢复脑力。

一节课的学习时间占了75%，所以45分钟的课，10~15分钟的时间都要用在恢复学生学习能力上，可以是眼保健操、手部活动、课间操等。一到四年级学生可以伸懒腰、前后左右伸、向后甩手……这样可以很快恢复注意力。当然，坐姿也很重要。错误的坐姿让孩子大脑的思维能力下降，这时可以做一做课间操：伸展腰部、锻炼手部肌肉、揉捏耳朵、做腿部运动、换坐姿等。自由活动不是一件坏事，而是必须要做的事情，要教会孩子在不打扰别人的情况下，完成教室内的并组或活动。

在教学环境的营造和规划中，要有这样一套完整的体系，要对健康的教学环境进行设计。比如对教室的要求温度、空气质量、洁净度等制定标准，同时给特殊学生提供便利的条件。教师在课前做一些相关准备，比如带领孩子们深呼吸，以帮助孩子迅速调整并进入学习状态，这是大脑的保健操，可以充分调动大脑和手部运动，让孩子清晰地开始学习。

教师上课的时候要对孩子进行精神疏导，让孩子们一直保持心情舒畅的状态，从而更容易获得新知识。学校要举办各种各样的活动、过各种各样的节日，越是难懂的课程，更加要过节日（如：字母 A 的节日……）。如果孩子在学习的过程中，心情是愉悦的，理解起来就会更加容易，吸收也快，也会更加开心。

教育心理学家列昂节夫认为，要给孩子一个有趣的、自由的、幸福的、美好的童年，不要只教会孩子克服困难。如果有好的心理建设，困难来了，自然就知道如何应对。人生中有两个阶段完全无忧无虑，童年和老年，其他阶段都要努力工作。

专心学习时，时间总是过得飞快，很快到了下午。教育管理学院娜塔莉亚教授早早地在教室等候，给我们讲授"当今俄罗斯的教育标准和教学方法"。因为有两个课题，文字内容比较多，娜塔莉亚教授很贴心地安排翻译人员把PPT翻译成中文发给我们，其中有很多都是论文的选段，让大家回去进一步学习。

娜塔莉亚教授说，在俄罗斯，为了让教师接受标准化管理，设定了教学成果、教学环境、教案和大纲的要求，引导教师按照标准化意图走。早在150年前的沙皇时期，谢诺夫斯基等受过高等教育的人就提出人才的标准，就是要具备：丰富的知识储备、经常动脑的思维习惯、良好的对美的认知。这是俄罗斯传承下来的，不是向西方学习的结果。我们可以看出，俄罗斯对人才的培养注重拓宽知识面、独立思考能力和思想品德的教育。

在评判标准上，每学期按照国家统一的教学标准进行考试，每次考试分为四个大部分：第一部分是对知识的基本认知（基础知识）、第二部分是考查学生所学到的思维方法（如数学题、应用题等）、第三部分是让学生自己写作，第四部分是综合应用（即识记、理解、应用、综合）。

现在社会对教师有几点要求：一要明确认识每个学生都是独立的个体，对不同的学生要有不同的教学方法。二要使每个学生获得最佳发展的办法（因材施教）。三要根据社会环境、文化环境营造学习的氛围。四是教师要有选择教学方法的自主权，但是要对自己选择的教学成果负责任。学习教程的实施，一定要建立在对孩子，如心理、生理状况和学科本身的特性等了解的基础上。

社会调查显示，通过对比，国家对教师的要求，最大的就是管理类的要求。教师要自我剖析，而不是等着别人来评价，要增强团队的管理能力，如对教育心理学技能的管理、对自己专业知识的了解、对孩子身心健康管理的技能等。

在小学阶段，尤其需要教师有很高的教育心理学技能。例如，20世纪90年代，很多教师不是来自师范专业，有些科学家和工程师因为没有工作，有需求才去当教师。他们来到学校后，不会让他们当一到四年级的老师。国家对普通教师的要求是，会对各种类型的孩子进行教学、对家长进行专业指导、不断地自我学习，可以不创新，只使用现有的教育资源。对更好的教师要求是，有自己独特的教学工具和教学方法、对残障学生有特别的教学方法、对教案和教案的执行进行研发和管理、能对其他教师和辅导员合理分配教学任务。

随着夜幕渐渐降临，娜塔莉亚教授的讲述深入浅出，大家边听边记录，不时小声地讨论。

北京师范大学教育学部副部长毛亚庆教授对两位俄罗斯教育专家的报告，进行了高屋建瓴的总结梳理和精彩点评，帮助领航班学员进一步深入领会了报告主旨。

毛亚庆教授说，我们一直敬仰俄罗斯的教育，中国的教育很多方面都受到俄罗斯的影响，一大批教育家如凯洛夫、克鲁普斯卡娅、马卡连柯、维果茨基、赞可夫、巴班斯基等对中国教育影响巨大。奥莉加教授将俄罗斯教育的理论与实践做了很好地结合和诠释。本堂讲座让我们看到教育环境建设重在精神建设和价值引领，一是物理环境会对学生内在精神世界产生影响，是对孩子内心正面的影响，包括教室采光、花园、运动场等，尤其是小学阶段的教育；二是从人际关系建设方面来影响孩子的思想，这也是很重要的；三是在精神层面重视对孩子价值观的引领。奥莉加教授治学严谨，而且有理论依据，有落地的实践，有深厚的文化积累。正如娜塔莉亚教授所言：我们每个人都能在自己力所能及的范围内做好理想的教育。

在大家热烈的掌声中，奥莉加教授向教育部教师工作司王薇处长赠送自己的最新科研成果，并和大家合影留念。

下课了，室外已然夜色斑斓。

2018 年 10 月 30 日　莫斯科　阴

访问莫斯科国际学校

10月31日，"校长国培计划"中小学名校长领航班海外培训项目俄罗斯团开启了第三天的培训课程。

10月31日上午，我们考察了莫斯科公立普通教育学校：GLORIA国际学校。这所学校开办25年，现有500余名教师，4800多名学生，学校曾获得俄罗斯"GLORIA"奖励（俄罗斯学校最高荣誉奖）。学校执行国际教育方案，允许父母为孩子选择最舒适的教学方案。我们参观了学校的文化布置和功能教室、深入课堂听课观摩、了解了丰富的课程开设，这些都给我们留下了深刻印象。

步入GLORIA国际学校，我们受到了学校校长、莫斯科当地教育局官员的热情接待。校长向我们介绍了学校情况和办学特色，并进行了深入交流，并向我们赠送学校文化纪念品。

学生讲解员引导我们参观考察学校课程，如形体课程、体育课程、国际象棋课程、手工制作课程、数学课程、阅读课程、科学课程、机器人课程等，和我们国内最初开设校本课程的模式差不多。

另外，教育部教师工作司王薇处长上午还接受了莫斯科当地媒体的采访。

10月31日下午，莫斯科国立师范大学社会科学和人文教育学院教育系统管理教研室主任、教育学副博士贡恰尔·玛丽亚·瓦列里耶夫娜做学术报告，题目是"俄罗斯初等教育教学大纲"。俄罗斯的学前教育没有固定的教学大纲，从小学教育开始才有教学大纲。

俄罗斯的教学大纲的第一部分是宗旨，第二部分是内容。不同层面的内容会有所不同，分为综合教育行为的构建体系，学科以及课外活动体系，精神道德、健康及修养体系以及其他调整部分等。综合教育行为是指学生能够表达自己的思想，理解表达文本，这些基本技能学生都应当掌握；其他调整部分是个新鲜事物，这部分针对的是身体有残障或不能跟上进度的、长时间不能在学校读书的学生。大纲的第三部分是组织部分，只有通过第三部分才能实施第二部分内容。比如说，教育机构需要多少必备的师资、怎样培养师资、每学期教学日历等。教学日历上会有假期的时间，小学一年级的孩子还有补充性的休假时间。俄罗斯的学校一个学年分为四个阶段，6—8月是暑假，秋季和春季还有30多天假期。刚入学的孩子假期是很长的，一年级的孩子有额外一周的假期，九年级和十一年级孩子的休假时间最短（只有寒暑假）。孩子休假期间要自主学习，学校有督促学生学习的任务要求。

在俄罗斯，早上8：30至下午2：00是学习时间。俄罗斯普及教育的特点是国家给予资金支持（平均生均经费6200卢布/人）。俄罗斯学校的课外活动中，孩子可以自主地选择课程，由校内的老师和校外的老师授课。在小学一般都有小型的社团。

2012年，俄罗斯制定了中小学教学大纲，严格遵照这个教学大纲进行检查。学校每年根据四个年级的具体情况制定一次教学大纲，但是必须在国家统一的标准教学大纲下制定自己的教学大纲，内容包括：教学科目、定期考核方式以及个性考核大纲。五至八年级，教学大纲中必修和选修课程分别占80%和20%，中等学校里必修和选修课程分别占60%和40%，小学里必修和选修课程分别占60%和40%。

初等教育中，全国有联邦统一的教材，共有四套范本教学大纲，学校可以选择任何一种。在标准的范本教学大纲框架下，各校可以编写自己的教学大纲。同时，在符合教学大纲的基础上可以有各种版本的教材。需要指出的是，教学大纲规定了四年上课的总课时，但是没有指明具体的教学时间，但每周上课的课时要求要符合孩子的认知规律。

俄罗斯初等教育的教学大纲中，初等教育课程包括俄语、文学、数学、信息学、科学（周围的世界）、体育、音乐等。四套范本教学大纲考虑孩子们的个性化需求，其中一套范本教学大纲中的课程方案如下：俄语4学时；文学阅读4学时；外语从二年级开始，只能从二年级开始，第二外语只能从五年级开始；数学4学时；宗教和美学1学时；音乐1学时；美术1学时；信息1学时；体育3学时。一周不超过20+1/22+1学时（必修），各个学时可以进行调整。课外个性发展只有1学时（演讲和自身修养），可以几个班级合起来上课。整个四年是88学时，每个学时45分钟或40分钟。国家建议从8：30开始上课。

我们来看一所小学现在的课程方案：俄语5学时，文学阅读4学时，外语2学时（二至四年级3学时），体育2学时。根据国家教育法律规定，必须有考试，要进行俄语、数学、英语考试。

初等教育中除了体育、音乐、绘画、外语由相应的任课教师上，其他课程由一位教师上。小学教师一周的工作量是18学时，学时不够的，可以通过其他方式完成工作量。还有一些学校学科前（早期）开设非常专业的俄语、文学阅读课程，由教学经验非常丰富的教师执教。在偏远地区，音乐、体育、美术很多都是教师包班上课，男教师以前都很少见，现在好多了。全科教师就是班主任，班级配有辅导员，基本都是教育学方向毕业的教师，这些教师不教学，而是帮助做辅导。校长一般不上课，校长是否上课自己没有决定权，只有教育局许可才能上课。小学一个班通常有25人。如果5个孩子去参加其他活动了，辅导员就看管其他20个孩子。专科生、本科生、研究生都可以在学校任教，但现在没有资格证。本科毕业后任教的教师分为学术型教师和专家型教师，必须要有三年的实践经验，并且通过考核。最近三五年教师的工资提高很多，每个地区情况不一，校长平均一个月大约 72000 卢布，有的边缘地区大约 25000 卢布。

根据学校财政和教职工的数量情况，各校设 1 个校长、3～5 个副校长，教师再组成不同的小组。学校没有中层领导，规模大的学校还可以有一个教区的领导和教学方法论的专家。副校长是由校长任命，或者由校长和上级教育管理部门商量决定。校长的任命方式有三种，一是上级教育管理部门任命，二是自我推荐，三是下级管理部门推荐，征得上级教育管理部门的同意。校长的基本条件很严格，如工作不少于 5 年、高等学历、有补充性的校外教育背景、有职业继续教育经历、有管理者的教育背景或者经济教育背景等。副校长也需要符合基本条件。校长是通过考核才能正式任命的，教育局都有正式的小学校长考核程序。

上级行政部门有两种管理模式：第一种是垂直管理，区域到联邦的管理机构（莫斯科是教育局到学校，中间没有其他机构，但是区域之间有联合会）；第二种是由联邦到教育部到区域性的教育机构、教育委员会，再到区域下设内部的教育管理机构，然后才是学校。

在互动环节，校长们提问，办学水平是由谁来评价，如何评价？瓦列里耶夫娜教授说，第一种是学校自我评价，即每一年按照教育科学部的规定进行自评，自我评价的结果在官方网站公布，上交教育部；第二种是外部评价，这要和自我评价相符合；第三种就是新的独立的第三方评价，即由社会机构和专业的测评机构进行评价，学生家长是否满意学校的办学评价体系，每一个都有标准的评价细则。每年都会进行一次办学水平评价。最后，教授把她的邮箱地址发给大家，欢迎大家和她进一步交流。

在莫斯科国立师范大学的课程培训圆满结束，随后举行了隆重的结业仪式，瓦列里耶夫娜教授代表莫斯科国立师范大学向学员颁发结业证书，教育部教师工作司王薇处长致辞，感谢莫斯科国立师范大学的优质培训和热情接待，并对全体学员提出要求：校长们学习热情高涨，要做好老师和好校长，就要"学习得专业，专业地学习！"不断地学习，终身学习，感谢莫斯科国立师范大学的精心安排！

2018 年 10 月 31 日　莫斯科　阴

参观莫斯科私立学校

　　11月1日上午，我们来到了莫斯科的一所私立学校——UVENES学校。走进教学楼的时候，门口的自动鞋套机吸引了我们的注意。脚往前一伸，鞋套自动套上，挺方便的。万圣节刚过，校园里节日的气息仍然扑面而来。

　　这是一所私立学校，接待我们的是学校负责经营的奥莉嘎经理，她为我们介绍了学校的情况。

　　这所私立学校涵盖幼儿园、小学、初中、高中。俄罗斯的学校基本上都是这样一体化的完全学校。孩子3岁就可以来到学校。3到7岁上幼儿园，7岁到11岁上小学。

　　现在莫斯科有很多私立学校，私立学校更关注孩子的个性发展。学校周边有很多树林，空气新鲜，可以称得上是"森林学校"。学校有很多运动场地，方便学生运动。学生从早上8点到晚上7点一直待在学校，所以学校对安全要求很高，安全防范很严格。学校也有卫生设施（校医室），确保学生健康。每天上午是必修课，下午是课外课、运动课、戏剧课等。学校有很多社团，例如戏剧社，每年都会邀请父母到学校观看他们的戏剧演出。无论是私立学校还是公立学校，只要学生考试成绩好，都可以上免费的国立大学。

　　另一位经营经理说，每所学校要根据世界的发展趋势来发展自己的学校，要顺应社会发展的时代要求，就要重视信息技术的应用，这个学校有很多技术优势。技术很重要，但在学校最重要的是人，所以教师就显得更重要，教师不仅给学生传授知识，还要送给学生智慧，这样学生在毕业以后，一定会记得他的启蒙老师。所以学校非常重视对教师的培训，教会教师运用现代信息技术，年纪大的教师除了有教学智慧，也要学习技术。

经理还谈到孩子的心理健康问题。她说，孩子在学校和在家里是一样的，如果他到学校不开心，教师就要了解孩子不开心的原因。学生的苦闷，不仅仅是他自己的，也是学校的，所以学校一定要致力于解决学生的心理问题。

在这所学校，每一位教师都努力工作，尽力达到学校的发展要求。

简单了解学校后，校方安排我们考察团分成四个组，去听了四节课。第一节是自然科学课，教师非常关注学生动手能力的培养，注重合作参与，感受、体验性特点突出，课堂气氛民主融洽，注重构建生态课堂。

第二节是数学课。这个班只有14个学生，教师提问题，学生举手，回答问题的时候可以不站起来。不过听教授介绍，俄罗斯的课堂和欧美学校有些不同，教师在授课的时候，还是很强调课堂纪律的。

新授知识学完后，为了快速检测学生掌握情况，教师采用抛足球的方式，小足球抛给谁，谁回答问题，训练学生的快速反应能力。然后教师发给学生卡片，上面分别写着小时、分钟、秒、年、月、天等等，学生在讲台上按照教师给出的排序要求，自己快速站位排序。做书本练习的时候，教师说有把握的就用油笔写，没把握的就用铅笔写。写完后同桌之间互相检查、评判。

教师注重调动学生已有的生活积累，在游戏中学习，同时注重培养学生的自我选择、自我评判等诸多能力。

一节课快结束了，教师出示了三张脸谱，黄色代表这节课的知识掌握得非常好，蓝色代表都学会了，红色代表还没学好。每一个孩子自己选择站到不同的脸谱前面。

我们发现，黄色脸谱下有两个孩子，80%的孩子都站在了蓝色脸谱下，只有一个孩子选择了红色脸谱。教师很快走到他面前，请他陈述自己还有哪些内容没有掌握，然后教师跟他交谈了几句，拍拍他的头，让他站在自己面前。最后进行总结，教师及时表扬了掌握好的学生，了解了没有被学生掌握的知识梗阻点，帮助学生查漏补缺，及时解决。

还有一节发挥想象力、学科整合的技术课给我们留下了深刻的印象。

孩子们了解了数学的对称图形，手工制作一只美丽的蝴蝶，并发挥想象力，给蝴蝶起名字，按照自己的想法装饰蝴蝶，最后互相交流分享。

在俄罗斯的课堂上，所有考察团的校长都仔细地听课、用心地观察、不停地拍照，学习极其投入。听完课，校长们回到小报告厅进行座谈交流，大家争先恐后地提出问题：关于课程设置，公立学校和私立学校相比是不是有更大的空间？爱国主义教育如何开展？

奥莉嘎经理逐一解答：学校的课程注重调动学生的多种感官，课程都是一样的，执行的都是国家标准。学校一个班最多16个学生。学校没有专门的德育课。在教学中，学校注重利用各种纪念日纪念活动，如带学生去参观军事博物馆、到烈士墓去献花以及带学生给抗战老兵送礼物，进行爱国主义教育。在校内，主要是通过学科教学渗透德育，如通过历史课来进行这种教育，让他们了解祖国的民族英雄；在艺术课上，让他们了解祖国取得的艺术成就，从而激发学生的自豪感。平时经常带学生到各种博物馆，进行直观的教育。

对于学校如何提高教师专业素养的问题，奥莉嘎经理说，在俄罗斯，有专门的教师专业学习系统，分第一级、第二级和第三级三个级别。教师需要逐级达到相关的水平。莫斯科教育部门会组织各种专业会议，举行开放课，让教师观摩学习。教师可以上传自己的教学资料到资源库里，进行资源共享，也会举行一年一次的优课展示。

不知不觉，已经是莫斯科时间中午十二点半了，校方安排我们品尝精美的茶点。

下午四点，我们回到了中国驻俄罗斯大使馆。一进大门，如同扑进了祖国的怀抱，每个人都很激动、振奋，心中油然升起一种自豪感。大使馆教育处的王辉主任热情地欢迎我们，带领我们参观了大使馆。

在驻俄大使馆教育处的礼堂里，我们举行了座谈会。座谈会上，李波公参为我们介绍了大使馆，尤其是教育方面的情况，希望我们多多支招。校长们积极踊跃地发言，几位校长还做了办学经验的分享。教育部教师工作司王薇处长在最后的总结讲话中，用"开心、自豪、感激、祝愿"四个词，表达了我们所有成员的心声。

早上八点出发，晚上九点才回到所住酒店。每天都是这样，披星戴月，虽然很辛苦很累，但是，学习的快乐，让我们忘记了所有的疲惫！

在高强度的学习参观中，我们度过了愉快而又充实的一天。

2018 年 11 月 1 日　莫斯科　多云

行走在伏尔加河畔

莫斯科"新学校"印象

11月2日，新一天的学习开始了！清冽的寒风里，大家坐上大客车，今天我们的第一站是莫斯科一个新建小区的配套学校，名为"新学校"。进校门要经过严格的安检，保安大叔满脸严肃，感觉特别威严。

大家首先观看了学校的宣传视频，了解学校的基本情况。在这里，父母可以为孩子自主选择四种方案，包括选择两种外语，即双语的学习。对于身体有残疾的小孩，将孩子爸爸聘为管理辅助人员，使得这些孩子可以与健全孩子一起学习。除了基本的校内课程，学生还可以选择校外的补充性课程，如体育运动和跳舞等。教师廊道内有国际象棋盘，孩子们可以在课间自由下棋。参观学校时，大家会注意到有些地方是完全向家长和学生开放的。因为这是国际学校，所以学校学习三种语言：俄语、德语和英语。现在五年级以上已经开始开设汉语课程，将招收越来越多的学生。

根据联邦法律，每个小学都有权力选择自己的教学评价方式，学校会向家长说明为什么会选择这种评价方式以及如何开展这种评价。这样做是基于以下几点考虑：第一点，孩子们要逐步走向社会、长大成人，所以每个人都处于被评价的体系中，这一点十分重要；第二，评价的标准是教师和孩子们共同商讨出来的，只有当评价体系是教师和孩子们共同商量出来的，师生的关系才会很好，这样孩子们就不会认为教师是高高在上的了；第三，标尺评价方法（一个标准、一个标尺），这是一种持续性的系统性的评价方法。孩子们将自己的评价标准做成一把尺子，进行自我评价，如果孩子自己的评价与学校标准一致就表明很好，反之就要加油。这是孩子们成长的过程，孩子们没到学期末的时候，就可以看自己的资源包，将自己与自己比，从而获得自信；第四，教育者和评价者都要走进课堂，仔细观察学生的行为才能客观评价。

学校的副校长给大家介绍了学校的教学管理情况：这幢教学楼里有800名学生，待会我们沿着课堂去看孩子们如何学习，培训过的小讲解员会适时给我们讲解。最后安排了三个课堂教学片段：数学、周围的世界和美术。还有很多是在课外教育的，如象棋和机器人课程、数学课上进行电子教学，这是莫斯科非常大的系统教学工程，开展时间不长。

廊道上悬挂着师生共同完成的绘画、摄影、手工作品等，还设有别致的小书箱；心理咨询室的教师特别用心，获得了俄罗斯优秀教师奖励；医务室设备齐全，专门配备了医生；体育教室都是室内场地，教师组织教学很有意思；小剧场的空间不大，但是布置精美；图书室里有很多适合小孩看的绘本；舞蹈教室的布置简单而实用。

随后我们分成两组，进教室观摩课堂教学：学校副校长执教的周围的世界，教学设备较为先进。还有美术教学、国际象棋教学、乐高机器人教学以及数学课的教学，都给我们留下了深刻印象。

在讨论交流环节，校长们谈了几点感受：这是一所安全整洁和优雅大方的学校，每一处精心的布置都能体现教育的内涵。课堂上教师的评价，以学生自主评价为主；手工课以学生自主动手为主，对培养孩子的想象力、实践能力非常好；数学课注重及时反馈和自主评价，培养学生自主学习、动手实践的能力，与中国的课堂非常相似。

校长们提出了想要进一步了解的问题：学校课程怎样开设的？通过互动交流，大家了解到：学校规定的课程是小学教育必须要培养的知识水平，每周的教学课时是国家规定的小学必须上的科目，其他科目学校可以补充；学校的课外课程主要是通过积累的经验和莫斯科城市的需求以及学生家长的需求，综合以上这几点来设置课程。

趁着短暂的休息时间，我们在校园里随意走动观察着。

教学楼的墙上贴满了复杂的各类通知、各级课表、各种周（日）计划等，琳琅满目，还贴有学校的教学理念：培养孩子友善、主动、阳光和自信。简单明了、自我展示的楼道文化颇有特色，悬挂的作品也是一道亮丽的风景，楼道空间在"讲话"，墙壁处处有故事。课间活动时间到了，随着《海草舞》音乐响起，"校园快闪"开始了，孩子们尽情放飞自我，还邀请我们跟着一起"嗨"起来！

为了亲身体验学校的特色课程，我们悄悄走进教室，随堂听取"片段"课。美术专用教室有专门摆放绘画颜料的"家"，孩子们课前要换上美术课的"专业服装"，才能走进美术教室开始上课！教师的"办公室"就是学生教室一角。"朗读诗歌、找我最爱、绘画表述"这样的整合课程还是很新颖的！

走进体育馆，室内足球课、室内形体课、"3D"体育课……教师特别专业，对孩子也非常耐心。

上午的活动在集体合影中结束。回到车上，校长们还在兴致勃勃地讨论，早已忘记了饥饿和疲惫。

匆匆吃过午饭，我们马不停蹄地奔赴莫斯科塔岗区政府开展公务拜访活动。因为是公务拜访，要求全体成员着正装。虽然车接车送，在路上的时间很短，但是在冰天雪地里穿着丝袜，让我第一次感受到什么叫"寒冷"。

据翻译介绍，塔岗区政府大楼是第一次接待中国这么"大"的代表团。塔岗区政府楼管控比较严格，因为人数太多，走过的每一道路口都要过检查"关卡"。

莫斯科塔岗区政府区长思维力多夫·伊利亚·吉姆罗维奇热情接待了我们，他说我们这是个"最大访问团"。塔岗区教育交流局局长、对外交流处副主任弗拉基米尔·亚历山大介绍莫斯科公立教育机构发展现状及面临的问题、地方政府拨款及政策扶持等情况。大家专心致志地聆听，不错过一个细节。

他介绍，一至四年级，在俄罗斯是免费义务教育，他坦承：苏联时期，俄罗斯的教育在欧洲是领先的，现在俄罗斯的小学教育没那么好；一至四年级后，五至九年级是中学，也是免费义务教育；九年义务教育后，学生17岁左右，由父母决定是考大学还是进技校、夜校或者学院。

中国的教育是633制度，而俄罗斯是452制，这11年后俄罗斯都会有一个国家的统一考试，俄罗斯地区时差比较大，如果考试的时候一个地区先考，另一个地区还没考，答案就会泄露，所以名校一般会自主组织考试，分数占70%，统一高考的分数占30%。研究生学制一般是2年、博士3年，教师和军事专家学位就要4～6年了。学校的课程安排，通常由高层研究如何科学设置，尽量给学校配备现代的技术设备，让教师学习新的知识，全面提高教学质量。

他说，以前俄罗斯的高等教育非常好，高校中闻名于世界的有200多所，航空、宇宙空间、数学和原子核方面的学科都是很著名的。目前无论是基础教育还是高等教育的质量都下降了很多，尤其是人文教育。俄罗斯加入了欧洲一体化的教育联盟，教学质量不但没有提升反而下降了。国家现在很多的投入偏向于重工业，对于教师、医生投入少，国家也在努力，尝试恢复较好的高等教育质量。一些家庭支付不起学费的就考公立高校，但是公立高校竞争很大，很多人因此就放弃了高等教育。国家也有一些扶持政策，但是俄罗斯的经济状况不是十分好，这方面的预算，我们没有像中国那样好，所以很羡慕中国。

从政府官员和教育主管的口中，我们感受到俄罗斯人的直率，也听到了对中国发展的敬佩和对人民生活水平、教育水平提升满满的羡慕。他对俄罗斯教育部分内容的介绍，我们前几天也有一些了解。在大家提问环节之后，我和教育部教师工作司王薇处长向吉姆罗维奇区长赠送了镀金的芜湖铁画作品，并做了芜湖铁画的简单介绍，不仅几位俄罗斯官员连连惊叹，各位校长也不住赞美。

下班了！我们一天的活动正式结束了！

2018 年 11 月 2 日　莫斯科　多云

莫斯科爱国主义教育印迹寻访

几天来，乘车路上经过小区、广场，总会不时地看到广场上矗立着战斗英雄的雕像，小区草坪里摆放的各种武器、战车，让我们不禁对俄罗斯的爱国主义教育产生了浓厚的兴趣。去往红场的那一天，寒风凛冽，莫斯科已经下雪了。踩着厚厚的积雪，怀着庄重的心情，我们首先来到了位于莫斯科红场西北侧克里姆林宫红墙外的亚历山大花园里无名烈士墓。

苏联是二战抗击德国法西斯的主战场。1941年6月22日德国突然袭击苏联，由此苏联拉开了艰苦卓绝的卫国战争的序幕。从战争初期的失利，到莫斯科保卫战再到斯大林格勒大会战，最后转入大反攻，直插法西斯德国老巢——柏林，苏联军民用鲜血和生命换来了卫国战争的伟大胜利，为世界反法西斯战争做出了卓越的贡献。为此，苏联牺牲了2700多万军民，物质损失达到了6790亿卢布。

1946年在建造无名烈士纪念碑时，发现了一具在保卫莫斯科战役中牺牲的无名苏军战士的遗骸，苏联统帅斯大林得知后深有感触地说了这样一句话："你的名字无人知晓，你的功绩永垂不朽！"站在这无名烈士纪念碑前，不由感慨万千：苏联在二战中取得伟大的反法西斯战争的胜利真是来之不易！

守护无名烈士墓的俄罗斯卫兵站立的军姿庄严肃穆，卫兵在此长年换岗，坚守既是一种神圣职责，更是一种国家意志的体现。这种坚守，既是一个国家对英雄烈士们的认同，又是一种无声的宣言，号召人们珍爱和平，反对战争。各国元首出访俄罗斯时都会到这里向无名烈士墓敬献花圈，来莫斯科的游客也会自发到此缅怀在二战期间献出生命的无名烈士。俄罗斯的中小学生每周还会在特定的开放时间，到红场参加活动，与士兵换岗，庄严地举行守护仪式。可以说俄罗斯的爱国主义教育已成为国家、社会和民族常态化宣传教育的主旋律。

红场是历史的见证者，不同时期、不同时代都有一段精彩的故事发生，如实见证和记录了每一个历史时期所发生的许多重大时事。不论过去发生了什么，正在发生什么以及将要发生什么，我们都真切希望她永远成为值得纪念的广场、成为一道人类历史文明传播的亮丽风景线……

俄罗斯这样的爱国主义印迹可以说渗透在方方面面。据了解，俄罗斯的爱国者俱乐部会举行各种活动，9月8日是纪念列宁格勒被围困时勇敢的彼得堡人们与法西斯分子斗争的日子，4月12日，是纪念加加林的日子，5月9日是俄罗斯独立日，爱国者俱乐部在这些日子里一般都会举行盛大的庆祝活动。就连孩子们在学校庆祝生日，也会设定一个主题，每个班级准备小小的节目，如，孩子自己缝制或用木头做套娃，举行与俄罗斯文化相关的比赛，举办民族节日宴会，孩子们自己制作并品尝民族食物等等。

明天就要去往圣彼得堡了，那里有个二战胜利广场，广场中创建的传统国防教育文化内容非常丰富。期待和雀跃的心情随着行李被一起整理，向往下一站的精彩。

2018 年 11 月 2 日　莫斯科　大雪

美丽多姿的涅瓦河

在教育部教师工作司王薇处长、教育部中国教育国际交流协会办公室冯俊英主任、北京师范大学教育学部毛亚庆副部长的带领下，"校长国培计划"中小学名校长领航班一行19人从莫斯科乘坐动车到达圣彼得堡市参加培训。从伏尔加河畔的莫斯科出发，整整经过4小时的高速动车，我们才到达了圣彼得堡市。

圣彼得堡位于俄罗斯西北部的波罗的海沿岸，是列宁格勒州的首府，也是俄罗斯通向欧洲的窗口。圣彼得堡市始建于1703年，市名源于耶稣的弟子圣徒彼得，1712年彼得大帝迁都到彼得堡。200多年的时间里都是俄罗斯文化、政治、经济的中心。1924年为纪念列宁而更名为列宁格勒，1991年恢复原名圣彼得堡。这座被誉为"北方首都""北方威尼斯""北方工业之都"的传奇城市，不仅有喀山大教堂、冬宫、夏宫等享誉世界的名胜古迹，外国领事馆、跨国公司、银行皆云集于此，而且也是一座科学技术和工业高度发展的国际化城市。圣彼得堡和历史中心古迹群构成了联合国教科文组织世界遗产。

圣彼得堡一年有阳光的天数一般仅在60天左右，被我们幸运地赶上了，还正好赶上人民团结日。行走在气派恢弘、金碧辉煌的涅瓦大街和柔美妩媚的涅瓦河畔，虽然寒气逼人，但难得的灿烂阳光却令大家心旷神怡。

美丽的圣彼得堡，多姿的涅瓦河，我们来了！

放下行李，大家不约而同地漫步到涅瓦河边。河边停放着大大小小的船只，我们连说带比画，才知道是涅瓦河上的游船。趁着阳光明媚，虽然河上的风特别大，大家还是裹好了围巾和当地人一起，怀着期待的心情走上小船。

在船上，我们了解到，圣彼得堡市分布在44座岛屿上，如同欧洲著名的水城威尼斯一样，由500多座桥梁连接，其中20座设计为开合式桥，7座跨越涅瓦河，涅瓦河直通波罗的海，河流水深29米左右。

我们眼前的涅瓦河流穿城而过，在蓝天白云下，河水静静流淌，波光潋滟，两岸风光旖旎，熠熠生辉，冬季的涅瓦河畔风光秀丽，小船穿过异国风情的各种桥梁，我们深深呼吸着冷冽、清新的空气，目不暇接地欣赏着河畔让人迷恋而又美丽的景色……

每年的11月4日，是俄罗斯的人民团结日，也是俄罗斯的全国性节日。明天，我们将走上圣彼得堡街头，感受异国的节日风情。

2018年11月3日　圣彼得堡　晴

走进俄罗斯国立师范大学

11月5日一早，我们来到俄罗斯国立师范大学，校园仿佛还沉浸在人民团结日喜庆祥和的氛围里。俄罗斯国立师范大学是俄罗斯最古老的高等学府之一，创立于1797年，是世界著名的师范大学，是俄罗斯历史最悠久的唯一冠有俄罗斯国家名称的师范大学，也是国家师范类专业标准牵头的学校，在教育界被公认是俄罗斯和世界的领头角色，十月革命后曾命名为列宁格勒国立赫尔岑师范学院，1991年1月起使用现名。

校园里有19世纪俄国教育家、俄罗斯教育心理学的奠基人乌申斯基雕塑，也有据说是欧洲最大的孔子雕像，不过因为校园很大，我们没有找到。在简单地参观校园之后，副校长苏哈列夫热情地向我们介绍了学校的基本情况，儿童学院院长伊万诺夫娜、儿童学院教研室主任思韦特南娜教授分别在上午、下午就"俄罗斯初等公立教育的前景与新机遇""俄罗斯初等公立教育机构发展的成功经验及面临的瓶颈"专题和大家进行了深入地互动交流。上午的学习持续到下午一点半，在学校周边小餐馆吃过简单的午餐后，接着上课到下午五点半，尽管中间没有休息，但学员们都聚精会神地聆听和思考。不管是在教育部教师工作司王薇处长优雅的致辞、北京师范大学教育学部毛亚庆副部长儒雅深透的总结里，还是在学员们争先恐后的提问互动中，大家既有对俄罗斯初等教育取得的成就和最新研究的高度认可，也有对我国基础教育概括的简单介绍和中俄双方在基础教育领域困惑与对策的共鸣，大家真诚交流和积极

▲
▲▲
▲

学习的状态得到了俄方的高度赞誉。

在俄罗斯国立师范大学的一整天里，大家围绕初等教育阶段教师的培养模式、学业评价以及初等教育学校存在的瓶颈性问题和对策进行了深入讨论。

我们了解到，俄罗斯初等教育阶段的孩子年龄从7岁到18岁，共11年，有些孩子可以不去学校，自己在家学习。针对以俄语为母语的学生群体教学、说俄语但俄语非母语的学生群体教学、说自己地方话语的学生群体教学来设计初等教育标准和内容。1993年，俄罗斯开始进行初等教育领域的本科生培养。2013年，启动新一轮教师培养模式变革，针对学生实践时间不长、实践能力不够强、解决问题的能力不够强等问题，更倾向于考核师范毕业生的职业素养和职业能力。尤其重视教师在"善于与孩子沟通和交流、善于组织孩子活动、善于一对一陪伴沟通并与孩子家庭进行交流、善于实现各种学科教学项目并在各科目活动中进行教学、善于营造积极向上的教学环境和氛围、在网络环境下沟通和交流"等六个方面的培养和评价。

教授们介绍到，根据新的教育变革要求，初等教育阶段的学校修建标准出台，除了教学楼之外，还要有两个以上的游泳池等；提出小学健康文化理念，对孩子们知识学习的要求退到第二线，放在第一线的是培养在社会中生存和合作的能力、创新实践的能力以及个性培养，由过去单纯的输入知识型学习变成自己主动探究型学习和运用这些知识，各个学校自己创新新型的教学模式，如组织孩子到博物馆参观等实践类教学活动，课堂外的教学活动时间和内容逐渐增长；新的教学标准对教学资源提出更高的要求，对资金投入要求更高，按照孩子的数量分配，国家对每一个孩子负责，不是以学校为单位投入；对于技术方面要求和师资要求都更高，新入职的教学工作者，必须要有高等师范类资格；对学校建设卫生和条件、教师数字化的工作环境方面要求更高，引入了电子黑板等技术，每个学校都设立了学校的官方网站，同时国家推出了一系列新的教材课本要求，有六套教学材料供大家选用，学校有权力研发一些补充的课程材料，以培养学生的能力为主，倡导能力导向型的教学方法，在完成教学过程中既让学生学到课程知识，也形成个性方面的能力和获得个性方面的发展；重点要求学生树立爱国、普世性和包容性的价值观、世界观，培养学生对全球文化的适应性和准备、有能力解决民族纷争问题的能力，以及创新能力、自我解决问题的能力、尊重他人和对自己的行为负责的意识和能力、对信息进行加工处理的能力等；小学生的体育课从以前的每周2节变成每周3节……

我们还了解到，俄罗斯新的教学模式具有很大的灵活性和包容性，一般上午学习学科课程，下午都是补充教学和课外教学活动。孩子们可以自选，但下午一定要进行一项或几项活动，根据不同的学校条件而不同，这样的教学活动，每周要进行10个学时。活动主要有六个方面：体育健康类、艺术礼仪类、科学认知类、军事爱国类、社会活动类、项目活动设计类。另外，还有志愿者和慈善类活动，小学生都积极参与志愿者和慈善类活动。国家天才儿童培养计划细化到每个学校每个班计划的具体实施，给予天才孩子个性化的支持……

结束了一天充实的学习活动，我们步行走出俄罗斯国立师范大学。学校旁边著名的喀山大教堂已经掩映在圣彼得堡温馨、朦胧、浪漫、灵动的夜幕之中。在去往中餐馆的路上，车窗外涅瓦河穿梭于这些充满传奇故事的宫殿、教堂、波罗的海出海口关口要塞、雕塑广场草坪之间，享誉世界的冬宫皇家剧场已经开始上演柴可夫斯基最经典的芭蕾舞剧《天鹅湖》，整个城市里似乎没有一盏灯特别炫目，但那份华丽典雅中又泛出玲珑剔透来，让人震撼、迷恋又流连忘返……

今天讨论的这些教育理念、政策在一线学校实施情况如何，之后我们还将进入当地最好的小学考察，大家在车上小声地交流着，心中又充满了期待。

2018年11月5日　圣彼得堡　大雪

俄罗斯国立师范大学的童年学院

11月6日清晨，打开窗户，冷冽的空气扑面而来。街上、屋顶积满了厚厚的白雪，银装素裹中，远处教堂的尖顶依稀可见。今天，我们来到俄罗斯国立师范大学童年学院，初等教育学教研室主任斯维特兰娜教授在门口迎接我们。

童年学院是俄罗斯国立师范大学22个学院中的其中一个，建于1918年，到现在已有100年的历史了。学院的主要任务是培养学前教育和初等教育的师资。

斯维特兰娜教授先带领我们参观了学院的图书馆。图书馆不大，但一走进去，便感受到浓浓的书香。这个图书馆里收藏的多是关于学前教育的图书，有很多知名儿童作家写的儿童文学及其他著作。童年学院的这个图书馆，仍然保留了传统的检索卡片，唤起了我们对于图书馆的温馨回忆。

图书馆墙上挂着的巨幅列宁画像让我们倍感亲切。童年学院就是在列宁同志的关心下建立的。建立之初，叫彼得格勒学前教育机构，是整个苏联第一所培养学前教育工作者的学院。

落座之后，斯维特兰娜教授给我们介绍了童年学院部分教授的学术成果。童年学院更多着眼于实践层面的需求，以此确定研究方向，所以他们出版的很多教材在俄罗斯联邦通用，也引起了校长们浓厚的兴趣。

斯维特兰娜教授的教研室共有14位教师，主要研究方向有：小学初等教育学、儿童艺术发展、补充教育、初等教育的教育质量管理及测评。教授说，他们最喜欢的是对儿童创新能力的关注，已经与俄罗斯博物馆共同组织了五次国际会议，每次都吸引了更多的专家参加学术会议。每年还举行两个初等教育学术会议，一个是现场学术会议，一个是线上学术会议，拥有学术杂志《儿童学的现代研究》，目前杂志已经进入 STOF 系统之中了。

小学教育国际化是由联合国教科文组织提出的。1995年，在"通往未来的桥梁"的学术会议上，联合国教科文组织提出了"向所有人开放的教育"。俄罗斯教育力争参与到全球教育改革的系统之中，致力于研究创新未来导向型的教学模式，不仅是满足于现在的教与学的需求，更是满足未来一代甚至是几代人的需求。这个重大的转变是从2010年开始的。2010年，俄罗斯总统梅德韦杰夫提出"我们的新学校"，提出了教育方面的发展方向，尤其是孩子们的能力发展方向：儿童个性发展、解决问题、创新思考能力等等。同时总统提出："现代小学主要是开发每个孩子的个性、天赋、独立生活的能力。"

联合国教科文组织开设的教研室，俄罗斯有14个地区加入其中。这些教研室秉持的教育理念是联合国教科文组织的教育理念，有六个最基本的理念，一要开发研究新的教育标准和体系，标准的改变首先从小学开始，2012年小学入学标准在全俄罗斯境内实施；二是对天才儿童培养的制度和体系进行相关的研究和论文的发表，主要在硕士研究生阶段进行研究；三是完善师资培养系统；四是完善小学的基础设施建设，比如，俄罗斯研发了新的小学建筑结构的标准，现在很多学校不但有教学楼，还要有体育场地、游泳池等；五是不仅要关注儿童健康，而且要创造儿童生理和心理的健康文化；六是增强小学校独立存在的能力。每所学校都有自己的代表人物和自己生存的方式，寻找自己可以获得的教学资源。

初等教育越来越受到政府的关注，关注周围环境，有助于形成他们对于国家和社会的观念。彼得罗夫斯基说："初等教育最重要的任务是让孩子适应周围的氛围。"孩子的早期阶段是形成性格发展的关键期，儿童早期重要的是学会适应周边的环境，孩子除了接受知识，更重要的是发展个性，学会自学，有适应周边环境的能力、从单纯输入知识到使用知识的能力。在俄罗斯的小学里出现了一些新型的教学模式，如科技馆参观等实践性的教学活动。小学里课堂外的教学活动逐渐增长，目的是让孩子们在这些教学活动中掌握基础的、普遍的学习能力。

现在学校教学分为两个部分：一是国家课程，二是学校补充的课程。学校以培养学生的能力为主，采用的是能力导向型的教学方法，最终是培养俄罗斯未来公民。主要包括：一是成为一个爱国者，能够代表祖国的形象，能意识到自己的发展与祖国的命运是息息相关的，在教学中有意识地教授孩子解决国家和社会层面的问题，比如，让孩子们设计索契冬奥会的奖牌，设计冰上运动员的奖牌等。二是要有广阔的世界观和价值观，需要有国际视野和适应全球化的准备。三是培养孩子们终身的创新能力。世界不断地在改变，孩子们需要更新知识和能力，以面对未来的挑战。四是尊重他人的个性，对于团队合作做好充分的准备。五是培养孩子们对自己所做出的行为负责。

在俄罗斯，教学标准是全国统一的。教学活动由每个学校的教师委员会在认真听取家长意见后，来制定基本的教学计划。学校教学内容的核心要符合教育部颁发的教学标准、教学课程示范性案例，以及统一的必修的教学活动、思想道德教育与周围环境相适应的教学活动，再对教学过程最后的结果进行合理的预测。当然这样的教学结果一定要符合国家统一的教学标准。

在教学活动中，更加重视对学习伙伴的认知，这也是孩子未来生活的能力。未来学生要掌握的学习的能力、寻找信息和加工处理信息的能力等，都需要在教学过程中逐步培养，要对传统的课程进一步拓宽。课程本身也包括学科知识，这些是学生应该掌握的最基本的知识。例如，必修课俄语、社会知识和自然科学知识（周边的世界）、数学、信息学、艺术学、技术学（手工）、体育等。

现在俄罗斯出台了三种新的教学计划，第一种为母语是俄语的学生制定的，用俄语教学，第二种是用民族语言教学，第三种是用孩子的母语教学，以更好地保存民族语言。以上三种教学计划有很大的灵活性，为保存多民族的文化提供了保证。一般，上午进行俄罗斯标准教学，下午进行补充教学。

在国家标准规定的范围内，国家首次提出了参与志愿者活动。随着教育标准的出台，很多教育慈善机构、儿童慈善机构又恢复了新的活力。现在小学生参加的社会文化活动中，有很多是参加慈善活动。当然这些不但要满足孩子的需求，也要考虑孩子的年龄特点。现在参与活动有了新的方式，如通过网络参与资金的筹集活动等。

大家都很关心俄罗斯天才教育体系的研究。的确，在俄罗斯有天才儿童培养计划。这些计划细化到每所学校、每个老师，要让大家去发现。国家有一整套天才儿童的教学方法和保障条件，这是技术层面的支持，还有教学层面的支持，如为孩子定制一整套教学活动和方法的计划等。现在，对于天才儿童的理解范围也在拓宽，他们是非常优秀的、能够掌握课程知识的、具有专长方向（包含体育、艺术）的孩子，以及具有社会创新性的孩子，并且有专门的教师研究这些孩子。

至于爱国主义和思想道德之间的关系，斯维特兰娜教授认为，爱国主义是思想道德教学活动的最终目的，没有专门的思想道德品质课程。

大家问到劳动教育和技术教育最新的研究成果，斯维特兰娜教授介绍，在俄罗斯，我们不叫劳动教育，而叫技术课程。国家还出版了关于技术教育课程的教材，让孩子们学习。俄罗斯在各小学内开设机器人技术兴趣圈，都包含在技术课的范围之内。校长们还问到，学校有没有劳动教育方面的安排，如在学校开辟一块土地。斯维特兰娜教授说，在市中心没有这样的场地，在非市中心有这样的教育机构，每年为小学生提供健康恢复式的课程，带学生到大自然去体验，圣彼得堡有很多动物园，孩子们也可以去认领动物。

2018 年 11 月 6 日　圣彼得堡　大雪

俄罗斯初等教育学校的爱国主义教育

11月7日上午，校长们再次走进俄罗斯国立师范大学童年学院，聆听阿娜教授的报告"俄罗斯初等教育学校的爱国主义教育"。

2015年12月30日，习近平总书记在主持中共中央政治局第29次集体学习时指出，爱国主义是中华民族精神的核心。爱国主义精神深深植根于中华民族心中，是中华民族的精神基因。新时期以来，我国爱国主义教育取得的成就不容置疑。但是，爱国主义教育作为永恒的主题，任何时候都只能加强而不可削弱，我们既要不断总结我国爱国主义教育的成功经验，也要适当吸取和借鉴他国优秀的经验做法。由于我们组选定的课题是"俄罗斯爱国主义教育对中国教育的启示"，我作为组长，听得格外仔细，各位校长组员也在课堂上积极提问，了解了许多内容。

熟悉俄罗斯的人经常会称俄罗斯为"战斗的民族"，一方面确实是因为俄罗斯人身体强健，在与别国交往中往往很强势。而另一个重要方面是俄罗斯人普遍接受了良好的爱国主义教育，无论国内外环境多么恶劣，大多能保持一颗强烈的爱国之心，民族非常团结，令别国不寒而栗。

1991年苏联解体，世界震惊，原有的以社会主义和共产主义道德为核心的德育体系被全盘打破和否定，新成立的俄罗斯一度中断了爱国主义教育，民众曲解爱国主义、民族尊严、国际主义等概念，尊重俄罗斯国家标识、热爱和忠于祖国这类情感一度遭到了嘲笑，俄罗斯思想领域陷入了困境。俄罗斯学者格尔顺斯基在致叶利钦的信中指出，俄罗斯经历着可能是她历史上最悲惨的时期。我们应当找到一条出路，以摆脱所处的、毫不夸大地说是灾难深重的局势。面对思想领域的困境，叶利钦意识到爱国主义教育的重要性，呼吁"寻找失去的俄罗斯思想""制定统一的民族思想"等，开始探索苏联解体后俄罗斯爱国主义教育问题。

1994年底，俄罗斯国防部会同总统青年工作委员会、教育部、内务部、商业部、监察部、东正教会等单位制定了《对青年进行爱国主义教育大纲》，提出具体措施，加强爱国主义教育。因此，自叶利钦开始，俄罗斯已经重视爱国主义教育并开启了爱国主义教育的新时期。

1999年12月29日，普京发表《千年之交的俄罗斯》，论述了"俄罗斯新思想"，即爱国主义、强国意识、国家作用、社会团结，指出爱国主义是"一种为自己的祖国、自己的历史和成就而产生的自豪感，憧憬着自己的国家变得更美丽、更富足、更强大和更幸福的心愿"，为俄罗斯开展爱国主义教育奠定了一定的理论基础。此后，俄罗斯注重爱国主义教育的法律化和制度化，持续以国家为主导，加强顶层设计，通过制定国家层面的法律、法规来规范和推进爱国主义教育，最具特色的是颁布了一系列纲要。纲要是爱国主义教育的纲领性文件并发挥了重要作用，将爱国主义教育提升为国家战略。

2001年，俄罗斯首次颁布《俄联邦公民爱国主义教育纲要（2001—2005年）》，以指导和推动爱国主义教育。后来，每隔五年，俄罗斯颁布一次纲要，至今已颁布4次。纲要具有整体的框架、统一的结构，同时，随着时间的推移和形势的变化，根据具体情况的不同，俄罗斯适当调整并不断深化纲要的内容，其爱国主义教育体现了连续性和时代性。《俄联邦公民爱国主义教育纲要（2016—2020年）》强调，近年来俄罗斯在巩固和发展公民爱国主义教育体系方面做出了很大努力，2001至2015年俄罗斯联邦共实施三个爱国主义教育的国家计划。可见，俄罗斯高度重视纲要的系统性，通过持续颁布和实施纲要，构建、发展、完善

我的领航教育之旅——从伏尔加河到大凉山

▼
▼▼
▼▼▼

了爱国主义教育体系。

阿娜教授指出，爱国主义精神是一种政治道德上的概念，是一种带有社会性的感觉，包括对祖国的热爱、对祖国的过去和现在持有的荣誉感、自己与国家利益联系起来的心理准备、维护祖国与民族利益的心理准备。

爱国主义精神有着社会学和心理学基础。首先是感觉和指导行为的社会性原则，属于社会文化上的归属，包括从家庭层面、大家族层面、区域层面到国家层面上的认知。爱国主义精神还体现在三个认知水平上：民族层面上，是关于对本民族的热爱；区域层面上，是对联邦主体的热爱、对每个区域省份的热爱；国家层面上，最后统一形成国家层面的爱国主义精神。从而对应体现为爱自己的民族、爱自己所在的区域、爱自己的祖国。

爱国主义精神要从小开始培养，包括对祖国文化和历史的了解、对大自然的热爱、对历史遗迹的热爱、对国家历史失误和成就的感受、对祖国的责任感等。

在哪些地方培养爱国主义精神呢？应该在家庭、学校、公共场所里培养学生的爱国主义精神，但最主要的是在学校和补充教育机构里面进行。另外，爱国主义教育渗透在家庭的耳濡目染和社会熏陶之中。爱国主义精神的形成过程是从掌握国家民族语言，到知晓国家文化标识，再到对国家文化的认知和渗透。

怎样组织爱国主义教育？阿娜教授指出，目前俄罗斯初等教育学校主要有两种方式：

一种方式是通过历史、俄语、文学、音乐等课程的学习。比如，一至八年级学生使用俄罗斯国立师范大学编写的音乐课本，最后一课是《俄罗斯，我们最爱的国家》，师生一起学习国歌，介绍国歌的由来。另一种是通过组织课外活动，如比赛、节日表演、参观博物馆、组织俱乐部等来培养爱国主义精神。

阿娜教授还为我们介绍了两所学校进行爱国主义教育的案例。

第一所是圣彼得堡 No.223 学校。

这所学校里有一个文化教育中心，学生上完必修课后来这里上补充教育的课程。这样的文化教育中心并不是所有的小学都有，只有教学法先进的学校才有。文化教育中心的活动有艺术礼仪教育、科学技术教育、社会教育、体育类教育、军事教育、生态环保类教育活动，目的是在活动中培养爱国主义精神，每个教育方向都有团队和俱乐部。如爱国者小组的组徽就是俄罗斯国旗和学校的名字，这样的俱乐部可以向所有学生开放，具体如下：

低年级的"家庭守护者"小组：可以在这里了解俄罗斯传统的生活方式，古代的俄罗斯民族是怎样生活的；了解自己的族谱、家庭传统、家庭历史和老照片，到档案馆搜集资料了解自己的前辈等。

军事爱国主义小组：俄罗斯历史上的战争有胜利也有失败，找历史学家讲述相应的历史，培养对祖国深刻的感受，这是为更高年级的孩子准备的。

生态环境爱国主义小组：相对高年级的孩子进行，四年级以上的孩子可以参与其中，教师带领学生进行真正研究的工作。

航天航空领域的爱国主义教育小组：航天成就对孩子来说也是爱国教育主题。比如，加加林教育活动，1961 年 4 月 12 日加加林太空漫步，俱乐部每年都会举行相应的航天纪念活动；5 月 9 日胜利日，举行游行活动，开设勇敢者课程。

民族节日厨房小组：制作民族传统节日食品等。

活动的主题丰富，如下：

朋友们的彩虹主题：选择一个民族代表，比如以车臣族作为活动主题，培养孩子们的民族和国家意识。具体活动有：品尝民族特色食物、欣赏民族歌曲舞蹈、组织民族歌舞比赛并在校庆日表演，一般会准备一个多月的时间。

我的家庭、小学、宇宙主题：目的是让学生开阔视野，一步一步看到周边的世界。

纪念日主题：实现不同年龄人之间的对话；围绕一首战争歌曲编排表演音乐剧，多数都是战争年代的歌曲。

开放的学校和城市主题：比如纪念圣彼得堡建市300周年活动。

阿娜教授介绍的第二个案例是列宁格勒州圣彼得堡市一个乡村小学的爱国主义教育经验。这所学校在课外组织"小学生+"主题活动：如神奇的民族语言；开设课程圣彼得堡区域学、俄罗斯银色的带子，了解自己的家乡；开展民俗学有关的知识与活动，学生可以了解俄罗斯民俗；唱民俗歌曲；学民俗乐器；做手工小玩意……

以上爱国主义教育关于对国家和民族的认知，都体现在国家相关文件要求中。两个学校的生动案例，一是体现了基础课程的培养目标，二是体现了多姿多彩的课外活动。

看到大家求知的兴趣特别浓厚，问题也比较多，童年学院副院长科扎诺娃女士又专门介绍了学院研发的教学项目，是一个有关圣彼得堡市的项目。圣彼得堡是俄罗斯的文化中心，所以想要实现文化对话，只有在文化活动当中才能进行。

科扎诺娃女士介绍了学院研发的一项教学项目：《圣彼得堡的民族日历》，这是由一套日历和教学法的材料组成的教育项目。这个项目主要的目的是展示圣彼得堡的文化，整个项目是想让儿童了解圣彼得堡市文化的多样性，增强对家庭、家族、城市所在区域的归属感，了解多民族之间存在的共性，了解宗教和非宗教的共性和特性，了解民族特色的国家节日、世界节日，了解祖先的历史、祖国的命运。爱国主义教育在项目中以不同形式呈现，如生态环境教育，有世界水日介绍，跟圣彼得堡市有关的节日介绍等。还会让孩子们了解俄罗斯在各领域的一些优秀作家、科学家、航空航天英雄等；让孩子们了解文化认知类的节日，如国家博物馆日、俄罗斯节日等；了解世界各民族节日，如世界土著民族节日和中国的春节等。

阿娜教授说："为了普及项目，我们做了相应的调查，因为我们想知道，俄罗斯人以什么为骄傲和自豪？调查显示：俄罗斯人以自己国家的历史、体育、文化和艺术为自豪。这样的日历可以挂在每个班级，可以完成很多的教学任务，既可以完成爱国主义教育，又可以帮助教师完成学科教学。"

教育部教师工作司王薇处长做精彩点评：阿娜教授指出爱国主义教育有着深厚的社会学和心理学基础，对爱国主义教育的内容、方式、过程做了系统介绍，并以圣彼得堡No.223学校和列宁格勒州圣彼得堡市乡村小学的案例做了生动说明；童年学院副院长的科研项目介绍，也产生了非常好的效果。她进一步谈了五点感受：第一，俄罗斯人民对国家、民族的热爱渗透到了骨子里；第二，爱国主义教育与艺术教育紧密结合；第三，爱国主义需要国家、学校、家庭和社会共同协调完成；第四，科学的研究和调查十分重要，大学需要理论支撑，需要为基础教育提供理论输出，俄罗斯国立师范大学的教授们教育科研精神令人钦佩；第五，国家和民族的传统文化保护很重要，都是爱国主义教育的生动教材。

阿娜教授代表俄方发言。她说，几天的活动十分紧张，成果也是显著的，他们很想更多地为我们讲述俄罗斯的教育情况，很遗憾，他们没有去了解中方的教学情况，他们对中方的初等教育很感兴趣，她和学院的同事们，都希望有机会一起去中国访问。俄罗斯有100万左右的小学教师，他们每年都有岗位测试，对通过岗位测试的教师继续培训，希望有机会和中国的学校合作。同时，他们也欢迎中国的硕士研究生来交流，期待之后与北京师范大学共同研究远程教学的学术成果。欢迎大家来到俄罗斯国立师范大学，也希望大家在不长的时间里喜欢圣彼得堡这座美丽的城市。

为了表达感谢，我代表芜湖市师范学校附属小学向教授和辛勤的翻

我的领航教育之旅——从伏尔加河到大凉山

译老师赠送了孩子们自主设计的芜湖铁艺团扇书签作品。

思韦特南娜教授代表童年学院，为我们每位学员颁发了结业证书，还向大家赠送了自己的最新研究成果。

所有议程结束以后，北京师范大学教育学部毛亚庆副部长对全体学员进行了研修报告撰写框架的指导，要求大家根据各组专题，把自己的感受写进去。语言表达要鲜活，不要做太学术化的报告。

在之后的分组研讨中，我们第四小组认真讨论，大家认为：中俄两国虽然社会性质、政治制度有着根本不同，但是，俄罗斯注重爱国主义教育的"顶层设计"，持续制定纲要来规范、指导和推动爱国主义教育的做法，同时因其高度的独立性，保证了爱国主义教育的有效运转，又与学校教育、公民教育适度互动，对于我国爱国主义教育具有一定的启示和借鉴。可以从以下三方面进一步加强我国的爱国主义教育：第一，我国应该根据现实情况，启动制定新的《爱国主义教育实施纲要》，总结爱国主义教育的新经验，针对出现的新问题，完善、更新爱国主义教育的"顶层设计"，提高系统性；第二，我国应当根据现实情况进行资源整合，提高爱国主义教育的独立性，厘清爱国主义教育和公民道德教育等关系，并对爱国主义教育进行全局的、系统的、长久的规划，既体现爱国主义教育的独立性，又把爱国主义教育与其他工作有机融合起来；第三，我国应注重爱国主义教育方案的可操作性，与俄罗斯相比，进一步深化研究在学校、家庭和社会的有效实施策略。

走出童年学院校园，已是当地时间下午三点，从早上九点出发到下午三点，虽然学习的时间很长，但是学员们丝毫不觉得疲累。精神抖擞的我们，学习着并快乐着。

2018 年 11 月 7 日　圣彼得堡　大雪

圣彼得堡No.166学校校园观察

　　11月8日上午，我们去考察圣彼得堡No.166学校。一路上，校长们小声地交流，对于圣彼得堡学校和莫斯科学校有哪些异同充满了好奇。学校位于圣彼得堡市中心，始建于1901年，已经有110多年的历史。现有正式教师60名、补充教师20名。学校共有两个校区，我们所在的校区始建于1959年，有一至四年级；另外一个教学区建于1901年，有五至七年级。学校共有学生875人，两个校区共同组成了圣彼得堡No.166学校。

　　涅瓦河多姿多彩的文化孕育了这所优秀的学校。最初亚历山大沙皇建设圣彼得堡这座城市，就是想实现俄罗斯文化与欧洲文化的融合，圣彼得堡No.166学校也一直进行着与历史和文化的对话。1941年学校拿到了166号的学校地址号码，时值二战刚刚爆发，可以说学校完好保存了俄罗斯的历史。

　　圣彼得堡No.166学校学术顾问、俄罗斯国立师范大学儿童学院塔其杨娜教授，在校门口迎接我们。通过她的介绍，我们进一步了解到，圣彼得堡No.166学校是当地的优质学校，与圣彼得堡众多教科研机构有着良好合作，尤其与俄罗斯国立师范大学关系密切。学校教学方案特殊，课程设置较多，学习内容较深，五年级开始开设汉语角选修课程，汉语即将列入必修课程。圣彼得堡No.166学校校长认为与中国教育同行之间有着深刻共鸣，他们知道中国文化历史悠久，一直在致力于培养学生成为有潜力、有创新精神的人才，期待今天在圣彼得堡No.166学校，能够实现中国校长和俄罗斯学校的教师团队的文化对话。

第一、二节安排课堂观察，我们分组自由听课，分别有四年级的地理课、一年级的数学课、二年级的俄语课和三年级的文学阅读课。

走进地理课教室，由校长助理、俄罗斯功勋教师执教四年级地理课，他率领学生礼貌地向听课客人致意。

课堂上，老师先介绍今天学习的课题——俄罗斯森林，再逐步引导孩子们通过回答问题、看书、同桌讨论等方式，对俄罗斯森林的概况、森林里的动植物分类以及环境对人的影响等内容进行了学习，最后引导孩子们树立保护环境的意识。

教学流程中基本采用教师问、孩子回答的方式进行。在完成作业环节，由于桌上准备的电脑数量有限，同桌两位同学一位采用在电脑上进行题目练习，另一位同学则在练习册上练习，不过两位同学的习题里都是三道难度不同的题目，孩子必须选择其中两道题完成，最后的得分会让孩子自己和家长知道。

二年级的俄语课授课教师从拼读、书写俄语字母开始，全体学生互动纠正发音并使用反馈卡及时进行当堂反馈，学生学习积极性高涨，最后全体学生两两合作进行组词练习，课堂效率很高。

三年级的文学阅读课，在三年级一个班开展，这个班共有学生28人。执教的莉莉老师，有着二十年的教学经验，获得过俄罗斯荣誉教师奖。她的授课内容是有着"俄罗斯文学史上的太阳"美誉的普希金所写的童话。

上课伊始，老师先让学生观看有关普希金的视频，视频以普希金与油画的画面为主，十分唯美，然后由五位学生向大家展示了他们所学的普希金的优秀诗歌。我们虽然不懂俄语，但孩子们声情并茂的朗诵还是给大家留下了深刻的印象。孩子们一个个神采飞扬，看得出做了认真的准备。

莉莉老师对孩子们的表演做了逐一点评，进而导入学习内容。莉莉老师的提问和学生的回答都注意了面向全体，所以学生的参与度很高。课堂上，老师巧妙设问："谁来介绍下你了解的普希金童话？为什么题目会这样写？"接着出示教学目标，再了解童话的字词、给童话分段、有感情地朗读童话，教学过程环环相扣。

在学生分段朗读童话的原文后，教师带领学生分析原文的情节和人物重要的行为，并重点与孩子们交流文章中"嫉妒"这个词语，问一问"你们在生活中'嫉妒'过吗？这种感觉好吗？你们想一想！"进一步启发孩子们写出人物的性格，"文章中萨尔丹是个什么样的人物，他的性格和形象是什么？回家有机会再找一找、读一读。"

"这是大家对童话人物的理解，普希金对于童话中的人物性格又是怎样想的呢？"老师讲完了一个大的段落后，又开始下一个段落的学习，请学生有感情地朗读，再问："这一段落中的人物是谁，谁来谈谈他的想法？"继续让学生朗读，教师及时给予评价……

这节课听课的过程中，虽然翻译的语言有限，但还是能够感觉到课堂上还是以教师为主导，教学层次比较清晰，对学生通过阅读加深理解特别重视，不断带着孩子们品读童话里的美文，对他们进行艺术熏陶。孩子们也兴致勃勃，课堂气氛很活跃。当然我们也感觉到教师投入的情感还不够充沛，没能够充分调动学生的情绪，提问的学生人数也需要照顾更多的群体。

课间，在翻译老师的帮助下，我们与教师、校长和孩子们进行了深入的交流。圣彼得堡No.166学校的孩子们还向我们展示了精彩的课程培养成果，女孩合唱团、武术选修课程学生的表演等，呈现了学校丰富多样的课程教学文化。

校长再次骄傲地向我们简要介绍了学校的办学情况。学校是1901年建造的，是亚历山大沙皇亲自下令建立，因为当时恰逢沙皇建国40周年，废除了农奴制。中学校区的孩子在希纳大街，那里有希腊总统的历史古迹，学校外的大街还有很多文化作家名人，所以学校与文化对话有着悠久的历史。我们的学校是166号，1941年就这样命名了，那时是第二次世界大战时期，当时学校里住着军医们，大家都在保护列宁格勒。

校长说，学生可以选修俄语、英语、德语等第二种语言，五至七年级有汉语兴趣组，学校在全国寻找汉语教师，最终找到了一位在中国学习了三年的俄罗斯女孩当老师，学校还在积极寻找汉语教师。这个国家、这座城市和学校，都有着悠久的历史，学校重视培养具有创新性、有潜力的学生，计划带学生到欧洲各国去考察，明年将去英国，期待未来有计划能去中国。

圣彼得堡No.166学校学术顾问、俄罗斯国立师范大学儿童学院塔其杨娜教授针对大家的疑问，介绍了学校教育教学的一些具体情况。

圣彼得堡No.166学校一共有14个班级，每个班级有班主任。每天下午有5位教师上补充课，周一至周五上课，周六和周日休息。一般是早上九点开始上课，一年级一节课35分钟，二年级以上一节课45分钟，课间休息15分钟。学校每年有四个学期，11月和12月是第二个学期。一年级一周不能超过21节课；二至四年级每天学习四五个小时，每周学习24小时；初、高年级的学区是分开的，低年级380人在这里学习，每个班25～27人。在上午的必修课后，学生吃午饭和午休，下午参加课外活动，有补充教育部的教师帮助上课，如体育、舞蹈、国际象棋等。学校对校服没有十分严格的规定，但是对学生服装的颜色要求尽量有红色和格子色。

学校使用俄罗斯统一的教材，这是一套很好的教材资源。学校会定期举行奥林匹克竞赛，学生自主选择科目学习和比赛。几周后学校就要举行数学奥赛了，孩子们要参与区域和市级的比赛，学校常常获得市级以上奖励。值得高兴的是，学生毕业后很多选择回校工作，教师参与教学竞赛，获奖也很多。

卡琳娜女士补充介绍了学生互动的情况。她说，学生不仅学习知识，还会进行体育活动、绘画等，很多学生有天赋，频频获奖。学校会组织作家的见面会，学生可以参与到读诗的活动之中。学校有图书馆，会和市里的部门合作，开展保护环境和树木的活动等。学生还会收集闲置的图书捐赠给孤儿院，会去幼儿园帮助小朋友。学校会组织学生去老兵之家，举行音乐会，学校每年都有一次军歌节，这些都是爱国主义教育。学校还会开展一些项目设计的活动，邀请其他学校的孩子参加这些活动，目的是更好地进行交流。

教育部教师工作司王薇处长致辞：圣彼得堡No.166学校让我们流连忘返。"所谓大学者，非谓有大楼之谓也，有大师之谓也。"学校的优秀教师给我们留下了深刻印象。校长先生开放有远见，恰逢明年中俄建交70周年，我们开放的心态不会改变，而且会继续开放。中国有1.02亿小学生，我们在基础教育的发展上成果丰硕，中国在奥林匹克、运动会、机器人等竞赛中都取得了很好的成绩。今天来自16个省的知名校长都期待与圣彼得堡No.166学校建立良好的合作关系，希望你们早日到中国去传经送宝。

最后，俄罗斯国立师范大学的叶莲娜教授主持了讨论、互动环节。

她说，今天最重要的是亲眼看到了老师们共同完成的教学任务，我来自大学，今天老师们和孩子们都是非常自由的，我想这得益于艺术和语言，我们所在的小学是一所了不起的学校。今天交流的主题不仅是文化的对话，也是语言文化的交流，圣彼得堡No.166学校在语言教学上有很深的研究，给其他学校做出了榜样。

校长们问到补充课程的问题。学校部门主任回答：我们有一个专门的教育部门，叫作补充教育部门，都是学校在编的教师，学校钢琴和武术的艺术指导都是我们自己的教师，我们也会邀请校外的教师参加，学校旁边有一个儿童技术创新中心，那里的教师也会来教学。我们在家庭联系方面有所创新，比如：教师帮助家长建立一对一的教学方法，给家长一些建议，帮助家长指导孩子选择补充教育。教师是从职业的角度帮助家长选择，这样有利于学生发展，学校还会提供一个补充教育的清单，供家长选择。

德育和爱国主义是这样融合的：爱国主义教育和思想德育都是通过学科教学进行融合的，没有单独的德育学科，学校会组织学生参观博物馆，会邀请二战时期的老兵来讲战争故事，这些活动是很有意义的。课堂上有时会讨论油画，都是关于反法战争、民族统一日、17世纪的故事、柏林沦陷等画作，以及20世纪的画作。这些画作与战争有关，通过讨论这些画作进行爱国主义教育。

俄罗斯联邦教育标准里对于思想道德教育没有具体的规定。历史课是俄罗斯高考的必考内容之一，通过学习历史知识来进行爱国主义教育。

我们这个小学分为两个大的部分：一是必修教育，二是补充教育。学校对文学、音乐、绘画教学的重视程度，要远远高于其他学校。课外活动是家长和学生根据自身情况进行选择。老师们都意识到艺术教育在小学阶段是最为重要的。另外，俄罗斯寒冷的天气比较多，所以大部分时间孩子们都要在室内开展体育活动。

在家校联系方面，学校每个班都会组织家长委员会，与班主任共同解决孩子的问题。每四周举行一次会议，家长和教师共同讨论学校学科的问题、举行什么样的活动以及孩子的教育问题。一些勇敢的家长会提出改变俄罗斯初等教育系统的建议。学校特别设置了一个部门和家长们进行联系，邀请相应的心理学家与家长交流。孩子们的问题一直在变化。现在，孩子们像着魔一样，都陷入了网络中，网络对孩子们的负面影响确实比较大。体育调研结果显示，孩子们的身体素质在下降，这是整个俄罗斯小学的问题，学校已经高度重视这个问题了，特意在每周增加了体育课，国家也实行了新的健康项目——国家的小学生健康项目，让学生可以免费参与到各项体育活动之中。

培训十多天了，我们在莫斯科和圣彼得堡两座城市，考察了好几所学校，大家对俄罗斯的初等教育有了直观的印象，也感受到两座城市教育的细微区别，通过头脑风暴式的学习培训，和教授、校长、教师们的面对面交流，也让我们此次俄罗斯教育之行收获满满。

2018 年 11 月 8 日　圣彼得堡　大雪

拜访圣彼得堡市红河区政府

11月9日上午，我们一行乘车去往圣彼得堡市红河区政府，进行公务拜访。

在区政府接待大厅，教育部教师工作司王薇处长代表中国教育部与红河区政府分管教育的相关领导进行了深入交流，北京师范大学教育学部毛亚庆副部长就大家关心的部分问题提问并得到了圆满解答。不知道是不是因为临近回国了，大家都十分放松，交流的气氛特别热烈。

休息的时间，大家端着咖啡，或站在窗前、或倚着阳台，看向十几天来稍感熟悉的城市和街道，留下了满面微笑的合影。

下午，是小组交流和研讨的时间，我分享了一节俄罗斯的小学数学课堂。

这是一节一年级的数学课，学生学习的内容是：从1到10。

上课伊始，教师播放了一段视频，讲的是童话里的帽子，引出了学习内容。然后让学生从帽子里1到10中选一个数字，不要告诉同桌。将选择的数字加1加1，再减1减1，然后告诉教师，他的数字是几？加减之后有什么变化？学生兴奋地说变回原来选择的数字了。

教师展示了圣彼得堡涅瓦大街的图片，然后向学生介绍涅瓦大街的历史、圣彼得堡名字的变迁，接着从圣彼得堡的四个名字中选出一个错误的，然后问学生，还剩几个正确的名字，这样很自然地就引出了数字3。

▲
▲
▲

教师请学生在图片中找出数字3并问学生现在的季节，教师让学生在图片中给数字3涂上秋天的颜色。

出示手掌图，问学生想到了什么俗语，答案是"了解这个事情就像熟悉你的手指一样"，以此引出数字5。教师请学生在同桌的手上写数字5，围绕数字5进行加减，并在同桌手上写出来。写完后在纸上给5涂上秋天的颜色。同桌之间认真地进行计算。

一节课当中，教师经常组织教学，对纪律要求也还是很严格的。我数了数，这个班有22名学生。因为有中国老师来听课，他们都坐得很端正。

学习了数字3和数字5，学生比较累了，教师请学生全体起立做课间律动操，教他们做了四个动作。

做完操，教师问学生：我们做了几节操？有几个动作？学生回答4个，以此引出了数字4。教师让学生拿出四根小棒，摆图形。学生可以自由摆图形，大家摆的图形五花八门，长方形、菱形、波浪形等都有。

教师给出了一个等式，请学生任意挪动一根小棒，让等式成立。学生开动脑筋，挪动小棒，使这个等式可以成立。学生认真回答问题真的很棒！

接着，教师请学生说出一位数中最大的数字，引出了数字9，并把它涂成秋天的颜色，然后让学生进行9的组成练习：在图中的伞面上填上不同的数字，使每一格伞面都等于9。

在下面一个环节中，教师演示动画，让学生观察枫叶移动的轨迹，猜数字，以此引出数字7，并出示谚语：七个人不等一个人，然后让学生看图出算式题：7+1=8。学习8，找出图中最大的数字8，并涂上秋天的颜色。

教师引导学生对本节课的学习情况进行自我评判：如果觉得学得特别好，就在图中的太阳处涂色，如果觉得学得一般，就在白云处涂色，如果没听懂，就在右上方乌云处涂色。如果觉得学得比较差，就在乌云下面加上雨点。学生高高举起了涂上颜色的图纸，大多数涂的都是太阳，也有涂在白云处的，学生对自己的评判很客观哦。

一节课很快结束了，学生学得不亦乐乎。我也注意到，学生课堂上很忙碌，但是比较轻松，有不少学生使用左手书写。

联系生活学数学，这节课从开课伊始到结束，教师充分调动了学生已有的生活感知和生活积累。如熟悉自己所生活的城市、了解自己所处的季节、联系生活中的成语学习等，学习的内容来源于生活，学生始终兴致盎然。

教学过程流畅自然，教师没有刻意从1学到12，而是随着教师叙述的情节、营造的场景，很自然地引出了3、5、4、9等数字，每个数字的学习方式，也是不一样的，在学习过程中教师充分调动了学生眼、耳、手、脚、脑等多种感官，如给数字涂色，涂色中，首先，描画这个数字，在描画中学生学会写数字；其次，要思考涂什么颜色，调动学生对秋天的认知，简单的涂色里有想象，有审美培养，非常巧妙。

贯穿始终的这张教学图片，设计非常巧妙。在图纸上，数字不再是冰冷的123456789，而是变成了鲜活的各种事物。数字8的蝴蝶结，数字3的眼镜，数字0的眼睛，数字1的侧像……伞面被设计成了填空题，这样的数字教学，学生怎么会不感兴趣呢？

教学中注重同伴合作学习。从这几天的学习中我们知道，俄罗斯非常重视学生的生存能力、沟通能力、团队合作能力的培养，所以在课堂上我们多次看到同桌合作学习，两人齐心协力完成任务以后，手牵手高举起来，这个和谐友爱的场景让我们很受触动。

低年级教学注重在游戏中学习。这节课当中，用童话里的帽子引出学习内容，让学生在同桌掌心写数的游戏、用小棒摆算式的游戏、律动操的游戏、涂秋天颜色的游戏等给我们留下深刻印象。学生在游戏中快乐地掌握了所学的知识，更重要的是在游戏中培养了学生各种能力，寓教于乐，寓教于能！

注重孩子对自我的评价。我们在教学中，很注重孩子对他人的认知，对社会的认知，而对自我的认知常常被忽略。在俄罗斯的课堂上，每节课我们基本上都能看到有一个环节，就是孩子对本节课所学知识的自我评判，我们发现每一个孩子都对自己有一个客观评价，这是非常难得的。

这节以能力为导向的数学课，折射出了教师先进的教育理念。教师将知识与生活对接，将数学与其他学科融合。体育律动，让学生充分打开身体；美术涂色、寻找动画轨迹，让学生充分想象；改变数学等式，培养学生创造力；介绍城市历史，让文化无声传承。整节课聚焦如何让学生全面发展。

在这节数学课上，我们发现教授讲到的俄罗斯联邦教育改革的新理念，在课堂上大部分得到了落实。

教育部名校长领航班班主任于维涛老师兴致勃勃地在线上进行了点评。这节课体现了融合教育。一年级的数学课围绕数字 5 为核心，将 10 以内的加减，通过孩子们体验、观察、操作、互动讨论和独立创作等方式，融合在语言、体育、科学、绘画、爱国主义教育之中。教学流程设计巧妙，充分关注和尊重了一年级心理特点，体现了传统中力求变革的实质性突破。两国基础教育有着共同的历史性沉淀痕迹，也有着不同国情不同速度的教育创新探索，对比芬兰、美国学校，关于如何更好地促进孩子们学习方式的优化，促进孩子们思维性、实践性、创新性、综合性发展，既是各国普遍的现状困扰，也是各国基础教育现在和未来追求的教育方向。

2018 年 11 月 9 日　圣彼得堡　大雪

北京，我们回来了

11月10日，圣彼得堡依然大雪纷飞，俄罗斯正式进入了一年中最寒冷的冬季，我们也结束了为期两周的访问和学习，准备返回北京。

俄罗斯航班的座位空间与我们中国的差不多，但是俄罗斯人普遍人高马大，就显得机舱和座位都比较拥挤。即便如此，我们第四组的校长们依然趁着为数不多伸胳膊动腿儿的时间，谈起对俄罗斯爱国主义教育的印象。

大家都认为，俄罗斯在课程中进行爱国主义教育的方式值得借鉴，尤其是在历史、音乐、美术、区域性的课程中表现得最为明显。二年级的音乐课本，就开始渗透俄罗斯的文化和特点了。比如最后一课《俄罗斯，我们最爱的国家》，一起学习国歌和介绍国歌的由来，因为俄罗斯在历史上经历过几个朝代，国歌也经过了几次修改，最后教孩子们唱国歌，参加红场的爱国主义活动。学校还经常开展主题班级活动、游戏、讲座、节日大型的表演活动、参观博物馆等等，举行这些课外活动的目的就是从小培养学生的爱国主义精神。

校长们谈到了俄罗斯爱国主义教育目前存在的问题，如何在全球化的过程中保存对家庭和国家文化的认同与继承，培养对本民族所属文化的归属感，俄罗斯的爱国主义教育研究项目能否一直以未来为导向，确实值得大家认真思考。

经过8个多小时漫长的飞行，飞机终于降落在了北京，踏上熟悉的国土，我们回家啦！半个月来的朝夕相处让我们依依不舍，道尽离别情，纷纷约定着下次相聚的时间。可爱的校长们，也没有忘记互相提醒撰写考察报告的时间节点，教授要催作业啦！

2018 年 11 月 10 日　圣彼得堡　大雪

俄罗斯爱国主义教育的实施

爱国主义对于国家和民族来说具有重要的意义。爱国主义是国家、民族继往开来的精神支柱，是维护国家统一和民族团结的纽带，是实现民族伟大复兴的动力，更是个人实现人生价值的源泉。

从俄罗斯学习归来，在工作之余，我就开始着手整理日记、笔记，思考考察报告如何撰写。在资料的梳理中，俄罗斯爱国主义教育实施的方法与途径清晰可见。

第一是纲要、体系"政策先行"。俄罗斯经历了苏联解体又重建的过程，历经风风雨雨，爱国主义教育历程可谓与国家建设同呼吸共命运，也经历了衰落到强化的过程。当今俄罗斯爱国主义教育理念的构建吸收了苏联时期的历史传统，又避免了其在实施方法上的不当之处，如今，在新的理论基础建构方面已初见成效，爱国主义教育实施的途径、方法的探索取得了一定的积极效果。

作为俄罗斯的爱国主义教育国策，《俄罗斯联邦公民爱国主义教育纲要》五年一个周期，构建了一个完整的爱国主义教育体系，明确了爱国主义教育五大任务和六大内容。五大任务主要有开发和完善爱国主义教育的理论体系、法律和监测体系；实现国家机构和民间组织之间跨部门的爱国主义教育合作；发展军事爱国主义教育，提高公民自愿服兵役的积极性；促进志愿者组织或其他非营利性社会组织开展爱国主义教育活动；利用现代化大众传媒手段，扩大爱国主义教育的影响范围。爱国主义教育分为公民爱国主义教育、军事爱国主义教育、历史爱国主义教育、社会爱国主义教育、文化爱国主义教育和体育爱国主义教育六个部分。公民爱国主义教育旨在为公民树立统一的国家价值观念；军事爱国主义教育旨在增强公民的国防意识，提高公民服兵役的积极性；历史爱国主义教育旨在提高公民对俄罗斯历史的了解和自豪感；社会爱国主义教育旨在增强俄罗斯社会代际之间的互动和交流；文化爱国主义教育旨在使公民理解传统文化对现代社会的重要价值；体育爱国主义教育旨在通过发展大众体育运动强化公民的身体素质，增强保卫国家的信心和能力，各个部分相对独立又相互促进，形成一个爱国主义教育内容的整体。对爱国主义教育内容进行进一步细致的划分，使俄罗斯爱国主义教育有了内容的"抓手"和载体，避免使爱国主义教育沦为空洞的口号。

为了使爱国主义教育涵盖各个年龄阶段的公民，新型的爱国主义教育体系将爱国主义教育的目标受众分为六个不同阶段。0～6岁阶段，爱国主义教育的主要任务是通过营造传统文化的环境，使儿童形成对故乡和祖国正确的认识；7～10岁阶段，爱国主义教育主要通过丰富多样的课内外活动，培养学生对俄罗斯历史、地理、文化的了解；11～17岁阶段，爱国主义教育的目标是培养青少年积极的公民态度，深化青少年对俄罗斯社会、经济和政治制度的理解和判断；18～24岁阶段，爱国主义教育的主要目标是鼓励青年人参与俄罗斯社会、经济、环境、文化政策的讨论和制定过程；25～59岁阶段，爱国主义教育的任务是提高俄罗斯公民自愿服兵役的积极性，促使公民了解全球、本国、本区域的政治、经济发展信息；60岁以上阶段，爱国主义教育的主要目标是增加老一辈革命者和青年一代的接触机会，强化代际之间的联系。

俄罗斯新型爱国主义教育针对不同年龄的公民，设置不同的教育内容和目标，采取不同的教育方式，使爱国主义教育由浅入深，由感性到理性，贯穿于不同年龄阶段，形成所有社会阶层和年龄群体共同参与的爱国主义教育体系。

第二是目标、途径"方法可行"。完善的爱国主义教育理论为实践提供了理论依据，但途径和方法是整个教育活动的关键环节，俄罗斯在爱国主义教育实践上有一套可行的方法。

制订相应的法律法规文件，以及切实可行的计划与政策，是新时期俄罗斯爱国主义教育得以顺利实施和推广的基础。1998年，俄罗斯国家军事历史文化中心应政府委托，对公民爱国主义教育方案进行研究并提出意见。经过三年的反复论证，俄罗斯政府于2001年出台《俄联邦公民爱国主义教育纲要（2001—2005年）》，2005年出台《俄联邦公民爱国主义教育纲要（2006—2010年）》。从2008年起，俄罗斯相关部门根据前两个阶段的工作成果与经验，开始着手制订新的爱国教育五年计划：《俄联邦公民爱国主义教育纲要（2011—2015年）》。这个纲要具有高度的系统性，囊括了所有国家机构、社会机构和全体居民，涉及经济、社会、伦理道德、军事政治等各个方面。纲要对包括社会政治、文化历史、心理教育、军事技术、精神和体能在内的教育内容进行了阐述，并对各相关部门进行了权责划分。各阶段教育纲要为俄罗斯各联邦主体响应号召、开展爱国主义教育活动提供了政策依据。在其指导下，各联邦主体根据本地区实际制定了相应的爱国主义教育计划和青年计划。除了三个阶段性爱国教育纲要之外，《俄罗斯联邦宪法》《俄联邦教育法》《俄联邦兵役法》等一系列法律，以及俄罗斯总统、政府、国防部、教育部相继颁布的命令、批示、法律法规等文件，为新时期俄罗斯爱国主义教育的实施与推广奠定了法律基础。这些法律法规主要有：俄罗斯总统有关《国家对从事青年军事爱国主义教育的社会联盟进行支持》《俄联邦国家安全构想》《有关国家青年政策中的首要措施》《有关俄罗斯军事体育技术组织的活动》的命令，俄政府有关《俄联邦公民兵役章程》《青少年军事爱国主义联盟》《俄联邦公民爱国主义教育构想》的决议，俄罗斯国防部部长和教育部部长签署的有关《组织俄联邦公民学习国防领域初级知识以及根据兵役基础对公民进行培训》的指示，以

▲
▲
▲

及国防部有关《在适龄青年和应征青年中进一步完善军事爱国主义工作》的指令等。这些相关文件阐述了爱国主义教育的理论基础，对爱国主义的概念、内涵和表现形式，教育的目标、任务和原则，以及各相关机构在爱国教育中的作用与地位均做出了明确的规定。这些政策纲要、法律法规和教育构想的制定，是俄罗斯在爱国主义教育实施过程中，联合各相关教育主体的力量、统一教育主导思想、协调和引导其有目的地开展工作的重要依据和基础。

第三是家、校、社"多管齐下"。在家庭中，爱国主义教育是第一土壤。个人的教育、爱国思想的形成和发展，首先是从家庭这个社会的基本单元里开始的。家庭及亲人间的关系对儿童的意识和情感发展具有较大的潜在影响力，儿童关于祖国的概念来自父母和长辈。儿童是否能够成为一个热爱祖国的人，在很大程度上取决于其童年时期的所闻所见。在家庭环境中，老少几代人之间的交流不仅仅是简单的信息交换，而且还向孩子们传达着过去年代的宝贵的精神道德经验，促进了儿童爱国主义意识、情感和信念的形成。正是在家庭里，形成了个人的生活目标和价值观，以及对自己、对他人、对祖国的态度。

学校是爱国主义教育的主阵地。《俄罗斯联邦教育发展战略》规定，学校教育要培养学生爱护和敬畏国家旗帜、国徽、国歌等国家象征，爱护和敬畏国家历史古迹。基础教育领域以"爱国主义"为教育导向。人文历史和语言哲学学科贯彻爱国主义教育目标，确保俄罗斯统一教育计划在全国范围顺利推行，俄语、民族文学、国家历史是教育的基本内容。

俄罗斯依托学校教育、俄语、优秀文学、音乐、舞蹈等培养公民的爱国主义精神。爱国主义教育具有启蒙性质，学校教育旨在教育孩子尊重民族文化和传统。利用俄语语言文学魅力，增强本民族文化对儿童的吸引力，使其了解基本世俗伦理、传统宗教知识，尊重不同的宗教信仰。比如，音乐学科一至八年级学生使用俄罗斯国立师范大学编写的音乐课本，最后一课是《俄罗斯，我们最爱的国家》，师生一起学习国歌，老师介绍国歌的由来，告诉学生历史上国歌曾经几次被修改，在教唱国歌时进行爱国主义教育。

在中小学课程中，还加设了公民课、民族学、社会知识以及地区文化历史等课程，以培养学生的公民品质，使学生在教学过程中获得有关公民社会、人在社会关系结构中的地位、人的权利和义务、伦理道德、个人主义和集体主义等初步概念，并创设个人发展性境遇，使学生在情境中学会独立解决冲突，做出道德选择。中小学还新开设了一门"俄罗斯民族精神道德文化基础"课程。该课程是俄罗斯学校道德教育的重要组成部分，其主要任务是帮助中小学生了解俄罗斯传统道德文化，了解俄罗斯的民族精神及其对个人、社会、民族及国家的重要意义。俄罗斯在新教材中更注重宣传国家的优良传统，以及俄罗斯民族对人类发展史所做出的贡献。与此同时，在教材中增加有关现代俄罗斯文化和社会经济变革的内容，使学生了解国家和个人在俄罗斯民族命运中的作用。莫斯科友谊大学还为学生编写了一套《祖国知识课程》教材。该教材涵盖俄语、国史、俄罗斯文学史、俄罗斯哲学史等内容。

除了开设课程外，俄罗斯学校每学期有计划地组织学生参加各种爱国主义教育活动。比如在中小学恢复了"长明火一号岗哨"活动，组织复兴"全俄铁木尔"运动，教育学生关心爱护俄罗斯的老一辈。中小学还通过开展军训、举办历史知识竞赛、召开大型校际运动会、观看爱国主义影片、参加社会公益活动、参观纪念馆等措施来加强爱国主义教育。政府在活动经费上给予足额拨付，给学生爱国主义教育提供物质保障。此外，学校还经常组织学生参加全国性重大纪念日的游行与集会，通过庆典活动进行军事爱国主义教育，邀请英雄模范人物和老战士给学生做报告，组织学生参加部队开放日，促使学生加深对军队历史的了解，增强学生爱军习武、保家卫国的意识。许多大学还鼓励学生积极参加社会团体组织的各种爱国主义教育活动，以此追忆战争历史。通过开展这些主题鲜明、内容丰富的爱国主义教育活动，帮助学生认识个人对祖国的依存关系，强化学生为国效力的自豪感与成就感。

第四是净化学生成长"社会环境"。俄罗斯采用新方法宣传爱国主义教育。如开设专门电视频道宣传爱国主义精神：为了给学生的健康成长营造一个良好的社会环境，普京政府加强了对广播、报纸、电视、网络等大众媒体的管理力度。政府专门开设了爱国主义频道"星"，频道每天播出的爱国主义教育节目长达18个小时。俄罗斯和独联体国家观众可以通过有线和卫星网络收看历史频道节目。历史频道主推原创节目，从全新视角讲述俄罗斯和世界历史，先后播出了《卫国战争纪录片》《俄罗斯象征》《100场伟大战役》《世界100位伟大统帅》等纪录片。俄罗斯官员和学者对历史频道给予高度评价并寄予厚望。2015年，由俄罗斯联邦预算拨款，为青年人成立名为"俄罗斯之光"的"全俄爱国主义频道"。

在每年庆祝俄罗斯卫国战争胜利日期间，俄罗斯电台及电视台都会播放歌颂卫国战争的歌曲。在俄罗斯，每一个大城市都有老战士委员会，每个委员会都会有老战士合唱团。这些老战士合唱团在纪念日活动期间，就会走进机关、学校，将当年激励过他们的歌曲传给年轻一代。艺术家为青少年创作出了一大批爱国歌曲，感谢为卫国战争做出贡献的退伍老兵。这些歌曲被广为传唱。此外，艺术家还对爱国歌曲进行适当改编，比如加上摇滚成分，或让流行歌手来演唱，通过这种方式让年轻人喜欢爱国歌曲，还专门拍摄爱国题材的电影、开发爱国游戏等。

第五是传承军事爱国主义"优良传统"。军事爱国主义教育，是俄爱国教育的重要组成部分，也是它的一大特色，是对苏联爱国主义教育体系中优良传统的传承。对青少年进行军事爱国主义教育主要由家庭、学校、教育机构、劳动集体、创作联盟、大众媒体、军事爱国主义俱乐部和武装力量来共同协作完成，其手段和形式丰富多样。最为常用的方法是：讲课、报告、座谈、主题晚会、军队老兵见面会、在学校开设勇气课、创建战斗荣誉博物馆、战场的远足、青少年历史事件考察者运动、举行军事体育和军事技术比赛等。根据公民爱国主义教育纲要，俄罗斯在全国定期组织"做好准备，保卫祖国"电视大赛，主要项目有：全能、运动、军事知识培训、军事技术应用、军事体育等，提高了青年对军事体育的兴趣，在参与活动的过程中增强体力和意志力，由此激发保卫祖国的理想。军事管理部门积极参与各地的青年爱国主义教育，协助地方制订和实施爱国主义教育目标纲要，对学校和学前教育机构进行各种辅导，帮助其组织和开展群众性防御工作及军事爱国主义教育，并与地方军事爱国主义俱乐部和社会组织保持着紧密的联系。俄罗斯武装力量各部队和军事教育机构定期实行开放日、组织联合主题晚会和各类军事体育活动。一些军人在军事爱国主义俱乐部或学校上课，对军事技术小组和军事体育班提供帮助。在部队的帮助下，一些市立教育机构组织了十年级学生的夏季五日班，学习兵役基础知识。军事部门还对社会上各类爱国主义团体和俱乐部提供帮助，仅在列宁格勒军区就活跃着600多个军事爱国主义团体，吸引着17000多人参与。俄罗斯的军事爱国主义教育非常注重与老兵组织和军队老兵事务委员的协作，吸引老兵参与军人和应征青年的爱国主义教育，不仅极大地促进了教育工作的有效性，而且加强了各代祖国保卫者之间的联系，也使军队的英雄主义精神和优良传统得到有效发扬。

俄罗斯爱国主义教育给我们的启发

　　俄罗斯爱国主义教育的实施方法多种多样，我国爱国主义教育也有很多成果显著的方法。比较两国的爱国主义教育，给予了我们很多的启发和思考。

　　在新媒体的宣传上，俄罗斯政府采取强有力的政策大力支持采用新媒体手段增强爱国主义教育的影响力和扩大爱国主义教育范围。我国爱国主义教育在这方面的做法上，不难发现，报纸、刊物、广播、电视等媒体均为我国面向公众宣传爱国主义教育的平台。中共中央宣传部曾向全国中小学推荐百种爱国主义教育图书，主要针对书籍及音像制品进行推广，在做法上强调自愿原则。在电影方面，中宣部和中央文明办制作了百余部爱国主义教育影片，这些影片在校园和社会广泛放映。在网络上，我国各地区建有"中国爱国主义教育网"网站。

　　在教育对象上，以青少年学生为重点。青少年一代是国家的栋梁，我国的爱国主义教育着重强调以青少年为重点对象。在中小学课程中开设道德与法治课程，在高中阶段设置历史课程，在大学阶段开设中国近现代史纲要以及开设以自愿为原则的爱国主义相关选修课程。在大学的每学期都会举办以爱国为主题的学术论坛，在中小学则结合德育活动，开展多种德育实践，如：参观博物馆、红五月合唱节、演唱以革命为题材的歌曲、欣赏以爱国主义教育为题材的电影等。这些措施极大地丰富了爱国主义教育活动，把教育资源、校园活动融入爱国教育中，这是我国的一大特色。

军事爱国主义教育是整个教育体系中不可缺少的成分，在中国的爱国主义教育体系中多处涉及了军事爱国主义教育，如国庆节当天的阅兵仪式，展现我国强大的军事力量；在学校中，中小学教师带领学生参观军事博物馆；9月18日全国鸣响警报，警醒国人，勿忘国耻。两国在课本上都涉及了相关军事爱国主义教育的内容，但侧重点不同。

在俄罗斯学校中，爱国主义教育课程的设置自主性比较强，俄罗斯政府没有统一的课程标准，只是规定在各学段要设置人文、社会和经济类课程等科目，但具体的内容自由性比较强，由各个学校自行决定。在我国，学校爱国主义教育课程设置上有统一标准。如中小学的道德与法治课程、高中的思想政治课程、大学的思想道德修养与法律基础、马克思主义基本原理概论、毛泽东思想和中国特色社会主义理论体系概论、中国近代史纲要等课程，课程贯穿于学业的始终，是每位学生都要完成的必修课，高校还开设有国际政治、国际关系等选修课，使学生了解国际情况。

在俄罗斯爱国主义教育中，重视对青年人的关怀。俄罗斯教育部规定，在学校中，从幼儿园到大学都设有心理辅导机构，在课堂上老师带领学生通过做游戏的方式对产生心理问题的学生进行干预，帮助学生化解心理问题。在社会上有专门的心理辅导机构，这些机构负责接收心理有问题的学生，帮助学生恢复心理健康，使学生更好地融入生活。在课程的设置上，专门设有生命安全课，课程的设置使学生了解到社会上存在的安全隐患和不稳定的因素，同时还有健康教育课，教育学生珍爱生命，远离赌博、酗酒、吸毒等恶习，并且教授学生防身技术，学会在危险的情况下如何自我保护。

中国的爱国主义教育中，"人文关怀"主要包含道德素质教育、心理问题疏导。我国的爱国主义教育的关键还在于激发人们的内心的需要，形成自尊、自强的行为，所以道德素质的增强有助于爱国情感的形成。我国要求各级各类学校设立心理咨询室，配备专兼职心理咨询教师。关注学生心理问题是我国爱国主义教育人文关怀的又一个重要的表现。

爱国主义教育的时代性要求每个国家在进行爱国教育时要勇于创新，跟随时代步伐。中俄两国要想使爱国主义在历史的长河中经久不衰，保证爱国主义的生命力，保证爱国主义教育与社会发展相适应，保持爱国主义与社会发展的一致性，就要保证爱国主义教育跟上时代的步伐，并把传统精神和时代精神的契合点找出来，为爱国精神的发展做有力的支撑。

中俄两国有着悠久的历史渊源，具有相似的国情特点，同时又都面临全球化的挑战。我们可以从俄罗斯爱国主义教育经验上"取经"，进一步加强民族团结和爱国主义教育，充分利用教育资源增强爱国主义教育的实效，通过爱国主义教育这一重要渠道来实现民族凝聚力，在全球化的浪潮中保持强大的竞争力。

我国的爱国主义教育重点着眼于学校课堂教育，面对全球化浪潮的冲击，尚缺乏紧跟时代、创新的爱国主义教育方式。俄罗斯爱国主义教育中重视历史传统、用新媒体和网络加强宣传、国家制定方针政策引导，加强军事特色教育、以青少年为重点教育对象的爱国主义教育等一系列措施，值得我们思考和借鉴。

一是国家要重视，并大力支持。俄罗斯为了保障爱国主义教育的实效性，出台了一系列法规，不断稳健地推进爱国主义教育行进的步伐。这些政策和纲要的实施紧紧把握住了青少年不同阶段的心理特征，紧贴时代脉搏，立足现实国情，有力地保证了爱国主义教育的实效性。早在1994年，我国颁发的《爱国主义教育实施纲要》，就对教育内容、教育的基本原则以及具体措施作了详细的规定。在2001年，我国又出台了《公民道德建设实施纲要》，该道德纲要的实施旨在加强公民的道德素质。两个纲要的实施，说明了我国政府对完善公民德育的顶层设计有足够的重视，但是两个纲要出台的时间相距较远。在飞速发展的中国，政治条件、经济条件、文化条件、社会结构等方面都发生了极大的变化。在爱国主义教育的内容、原则、方式上都要做相应的补充和调整，为教育活动的开展提供保障。长期有效的法律保障还需要与时俱进，及时更新爱国主义教育纲要，制定符合国情和时代背景的爱国主义教育纲要，从而提高针对性、可持续性、可操作性。

二是要重视军事爱国主义教育。国防教育不论在战乱的年代还是当今和平年代都不会失去色彩。国防教育是我国学生的必修课程，在每年的新生培训中都要纳入国防教育的内容，国防教育要成为我国学校爱国主义教育必须进行的内容。目前，国内各级各类学校都认识到了这一点，纷纷从小抓起，对学生开展不同类型的军事国防教育。

我国早在20世纪90年代就下发了相关文件，把"国防教育和革命传统教育"规定为进行爱国教育必须展开的内容。这当中明确提出：要认清我国面临的国内外形势，不断加强国防建设，以达到军民团结的效果，增强人们维护国家安全的意识。目前，我国的爱国主义教育中各元素之间的结合度需要进一步加强，教育活动的方式、方法要丰富多彩，寻求新的途径来为我国的教育活动打开更广阔的局面，从而更大程度地激发爱国主义教育的活力。

爱国情感不是一朝一夕就能形成的，而是在日积月累潜移默化中逐渐培养起来的。俄罗斯注重爱国情感培养的持续性，在颁发的每一个爱国纲要中，我们可以发现纲要对军事教育进行反复强调，我们可以借鉴俄罗斯的做法，坚定不移地进行军事爱国教育。在我国各级各类学校中开展军事爱国主义教育，要结合不同年龄学生自身的特点，密切联系国内外现实情况，保证有实效地进行军事爱国主义教育。小学低年级开展队列训练、中年级开展"当兵半日"体验活动、高年级开展军队项目拓展活动等，学习百年党史，激发对党、对军队生活向往的热情，将爱国主义情感外化于行。

三是实现方式的灵活性。爱国是以本国的、本民族在历史发展过程中所形成的历史文化认同为心理基础的，对本民族的地理位置、经济优势、著名人物、风土人情、文化艺术甚至政治制度的了解和正确认识，都可能构成爱国的理由。民族权威的确立从根本上说是依靠民族历史文化认同教育。俄罗斯在对待历史上的民族英雄和二战时期的英雄上，不仅给予崇高的荣誉，而且向全国民众进行宣传，号召民众向其学习。重视民族历史文化重塑和构建，是全球化背景下包括中国在内的世界上所有国家都应该借鉴和学习的宝贵经验。

从教育方式上看，首先，增加民族英雄的纪念日，如收复新疆失地的左宗棠、甲午海战的邓世昌、建立中华民国的孙中山、抗美援朝中的邱少云和黄继光等一些民族英雄纪念日。其次，收集关于中国历史上的名人事迹，包括电子图书、音像、网络等多种形式，方便读者阅读。最后，加强与军事部门的合作，如邀请经历过战火纷飞年代的老战士讲述英雄事迹，让学生了解历史，了解军事国情。

爱国主义教育是一个经久不衰的话题，我国的爱国主义教育经过数十年的创新探索与实践已经积累了宝贵的经验供后人参考，如积极应对全球化的挑战，注重内容的实时更新。但是我们也必须清醒地认识到我国爱国主义教育还存在提升的空间。因此，我们就要在爱国主义教育的实践中不断总结，借鉴其他国家教育的经验，如在借鉴俄罗斯爱国主义教育经验的基础上，重视国家政策的引导作用，重视传统文化教育，突出富有特色的军事爱国主义教育等，不断吸收他国爱国主义教育经验，其目的是不断延伸我国爱国主义教育的深度，拓展其广度，促进我国爱国主义教育的创新和发展，充分发挥其在政治、经济、文化上的价值，让青少年牢记历史使命，秉承光荣传统，将红色基因根植于心，成长为祖国未来的建设者和接班人。

满山的花儿在等待

共研共悟共梦想

　　"建设高品质校园，让更多的孩子接受更优质的教育"，这是教育部领航名校长赵玲工作室的初心使命和教育理想。赵玲名校长工作室是芜湖市首批名校长工作室。工作室成立之初有成员校6所（芜湖市师范学校附属小学、镜湖小学、大官山小学、梅莲路小学、环城西路小学、芜湖市繁昌县繁阳镇城关四小），成员校长8人。随着工作室工作的逐步推进，2018年12月，教育部领航名校长赵玲工作室成立，工作室升级，成员扩充，又有9所学校——芜湖市育红小学、芜湖市罗家闸小学、芜湖市天门小学、芜湖市瑞阳小学、芜湖县六郎小学、芜湖市三山区龙湖中心小学、阜阳市颍上县慎城镇第二小学、池州市青阳县蓉城镇第二小学、六安市裕安区狮子岗乡杨店小学加入其中（其中有四位校长是芜湖市首批名校长工作室主持人，三位校长是省教育厅安排的皖北地区学校校长，还有两位是一直想进入工作室的芜湖市兄弟学校校长），共同组成了芜湖市师范学校附属小学引领的、初具一定规模的学校发展共同体，更多的机会、更广阔的平台，大家共谋管理创新，实现合作共赢，使教育部领航名校长赵玲工作室成为名校长和未来学校教育领军人才的摇篮。

　　一段时间以来，大家以自己的办学实践为主线，以科学发展观和现代先进教育管理理念为指导，秉承"引领、示范、辐射，合作、服务、共赢"的理念，以校长的自主研修为基础，以建立校长学习共同体、促进提升管理水平、提炼办学思想、丰富自身内涵，努力成为专家型校长为目标，以工作室"理论学习""专家引领""考察观摩""交流探讨""课题研究""个人自学"等内容多样、形式丰富的活动为载体，以专业引领和能力提升为抓手，充分发挥工作室成员间的团结合作精神，通过理论探讨与实践研修，使工作室扎扎实实稳步前进，取得了较为突出的工作成效，初步形成了一支办学理念先进、理论水平深厚、管理能力强劲、个性风格鲜明的校长队伍。

一、常规建设奠基础，课题立项深研究

校长们都工作在一线，事务繁杂，一忙起来，活动时间就难以保证。为此，工作室正式挂牌成立之后，大家就讨论设立了工作室章程、制定了工作规划、确定人员分工、规范活动程序、明确活动要求……，还设计了工作室的"室徽"，印制了专属的工作手册，和年轻校长签订培养责任书，为校长们建立成长档案……让全体成员都有一份归属感和责任感。

一线的校长们责任重、工作多，想要静下心来学习，很多时候都是"心动而不能行动"。工作室注重加强成员校长的理论学习，每学期的第一次活动会上，工作室都会精心挑选一批专业论著，给工作室成员细细品读，如《卓有成效的管理者》《课程领导者与教育技术》《差异化教学》《美的相遇》等，每一名工作室成员都要结合自己的岗位职责和发展定位，有针对性地选读专业著作，积极认真地完成学习任务。校长们真正坐下来的时间不多，所以我们提倡：随身带书、随手涂鸦，边看边想边记录，这样，在大家交换书籍的时候也是一种思想的交流。

引领示范有时候很关键。工作室是个共同体，不能简单地以制度来约束，所以我总是身体力行，带头走在认真学习的前列，每年坚持精读理论与专业图书五部以上。我担任正职校长虽有11个年头，但因为我

是中师生，没有系统深入地学习过教育理论。从最初的满腔热情、埋头苦干，到走入瓶颈、渐生浮躁，是读书让我静心，让我重新找到方向，看懂内心。记得最初读冯友兰先生的《中国哲学简史》，20万字的篇幅，语言也极其流畅，但还是沉不下心，还是有点难懂吧，第一遍的通读，也就过了下眼。直到心静下来后，才真正感悟到为什么这是一部可以影响人一生的文化经典，整本书充满睿智与哲人洞见，特别是作者对现实问题的关怀，"读书不忘救国，救国不忘读书"的大家风范，对于现在的我们，也具有非常现实的意义。

现在我们出门，都会随手带本书、带支笔，看几页、写几句，我想这是我们校长读书学习的一种方式吧。根据不完全统计，工作室成立以来，大家深入研读的理论文献、专业著作有十余部（篇），许多校长逐渐养成了主动自学的良好习惯，工作室活动中，会交换图书、讨论某个观点。大家在学习交流中丰富自己，在不断反思中提升自己，理论素质、综合能力都得到了提高。

我觉得，只有不断学习，才能不被这个瞬息万变的时代所淘汰，才能教育好未来社会的学生，才能引领好面向未来的学校，校长更加要与时俱进。我积极参加各级各类培训，如，进入长三角中小学名校长高级研究班学习；组织并参加"品质学校与文化建设"专题培训，获陈玉琨老师赠书三本；再次走进北京师范大学，参加骨干校长研修等。我还组织校长成员、学校行政管理干部、班主任、骨干教师开展培训，赴浙江开展了"行政管理干部专题培训班"、赴上海开展"骨干班主任培训"、赴广东开展"名师研训"等，通过不同层次的学习，培养队伍，推动学校可持续发展。

教育的根本任务就是立德树人。2018年，"坚持立德树人，提高学校管理水平的行动研究"教育科学研究重点项目课题立项。工作室主持人针对课题研究的可行性进行了客观的分析，专家的讲座给工作室成员学校在研究如何有效提升学校管理水平方面奠定了基础。工作室还要求每位成员根据自己学校的办学特色与特点开展研究，定期将研究的过程性资料进行交流和汇总，并在专家指导下，进一步提高自己的科研水平和理论素养，进而在管理水平和专业能力等方面踏上一个新的台阶。

目前，工作室成员根据课题总体规划和目标，以所在学校为实验点，有序、有力推进课题实验，取得了阶段性研究成果，并整理推广。

二、专家引领促提升，校际交流聚合力

一位优秀的校长要有符合时代精神、彰显学校特色的办学理念和办学思想，必须树立终身教育的理念，在办学过程中才能够创建出独树一帜的校园文化，形成独具一格的办学风格，才能搭建和谐的教育评价机制，创设各种条件为学生的未来发展奠基，才能从学校的办学定位、目标、特色等方面出发，做出全面思考和长远布局。而这一切，必然需要专家学者的助力。

自工作室成立以来，就邀请多位专家学者来芜湖讲学，我们聘请北京师范大学校长培训学院陈锁明院长、教育部中小学校长和幼儿园园长国家级培训项目管理办公室主任于维涛、广西师范大学王兰教授、安徽师范大学李宜江教授、芜湖市教科所孔立新教授做顾问，这几位专家经常到校来指导；工作室还特邀华东师范大学副教授、联合国儿童基金会与教育部人事司"爱生学校管理"项目专家万恒博士来芜湖指导，为工作室成员和成员校全体骨干教师做专题讲座；工作室还请来了安徽省教育厅教育管理干部培训指导中心主任钱雯、广西师范大学教育学部副部长兼教师教育学院院长陈菊等多位专家，为工作室内涵发展、实效发展、高位发展给予手把手、点对点指导和中肯建议。专家顾问的智力资源，既有专业引领和技术支撑，又能提供可操作的实践路径，成为成员们高速前进的"加油站"。

工作室成员学校一直坚持优质资源共享，校际间多种交流并进。每

一所学校各项活动的开展，都让各校见识了不一样的管理"洞天"。如池州市青阳县蓉城镇第二小学的"晨诵""午读""暮省"，环城西路小学的特色"心理健康"教育，芜湖市师范学校附属小学的阳光课程体系和"向日葵"德育评价，育红小学的鼓号队建设和特色德育管理，天门小学的书香底蕴特色校园文化等。交流是传递、是分享，学校间搭建的多种交流平台为各自学校注入了新鲜血液，也传送着新鲜的管理气息。

为深入探索学校共建新途径，推动学校互助共同体工作的深入开展，工作室先后赴深圳、上海、佛山、绍兴等地参加或邀请长三角名校、教育部专家来芜湖开展各级专题研讨会，大家思考、畅谈、辩论，为推进共同体学校在原有基础上向内涵、特色、纵深发展，带动引领学校共同体建设，着力完善制度建设，规范管理行为，实行教研协作，携手共进。回来后还专门召开研讨会，谈感受、说反思、找方法。

工作室成员通过深入各校，广泛参加教育教学指导、交流活动，在实践中历练和提升，同时也扩大和提高了工作室的辐射力、影响力。

三、问诊把脉开良方，量体裁衣更出彩

近年来，校长们更多关注到高品质校园的建设。高品质的校园文化是一个学校的活力与灵魂，它不仅能陶冶师生的情操，规范师生的行为，而且能够激发全校师生对学校目标、准则的认同感和作为学校一员的使命感、归属感，形成强烈的向心力、凝聚力和群体意识，同时，还能对学生起到潜移默化的教育作用。工作室自成立始，多次就品质校园文化和特色建设对工作室成员开展培训和学习研讨。工作室主持人对品质校园文化的阐释与解读，引发了工作室成员对学校的文化和特色建设有更深层次的认识与思考，也促进我深入学习，进一步提高自己的管理水平。

在精心组织下，工作室为成员校量体裁衣，制定各种行之有效的学

习方法、学习方式，除自我研读、体会交流、请进专家、面授"机宜"外，每学期还开展外出走访、集中培训、专题问诊等活动，工作室成员分外珍惜这些提升自己的机会，只要工作室有活动，再忙、再远也要赶来参加。通过自学、培训与引领，校长们更新了理念，开阔了视野，为今后的行动找到了理论支撑。

当然，理念需要实践来贯彻，工作室的内涵发展离不开各项活动的具体实施。工作室成立以来，频繁创设机会、精心安排，注重通过活动提升各成员校长管理的专业化水平。

例如，工作室赴阜阳市颍上县慎城镇第二小学，为学校下一步发展出谋划策。工作室前往繁昌县繁阳镇城关四小开展问诊校情活动，深入研析、交流，把校长工作室的一些管理理念及方法及时传递给兄弟学校，在有效助推城关四小的特色办学和健康发展的同时，也提升了成员们的教育管理水平。工作室赴池州市青阳县蓉城镇第二小学开展"品质校园建设"交流研讨活动，工作室成员与蓉城镇第二小学团队共同为学校把脉问诊，立足当下，放眼未来，开拓创新，大到校园建设、课程改革，小到教室布置、活动建议……校长们对蓉城镇第二小学的品质校园建设进行了全面的分析和精准把脉，为学校的管理发展理顺了思路，为品质校园建设指明了方向，提供了可持续发展的广阔视野、崭新思路和宝贵经验。工作室赴六安市裕安区狮子岗乡杨店小学，缺什么就送什么，课堂教学、讲座、论坛……如今，阜阳市颍上县慎城镇第二小学被升格为县直属小学，并成立教育集团；池州市青阳县蓉城镇第二小学即将建设当地最大的新校区，以适应学校的快速发展；六安市裕安区狮子岗乡杨店小学虽然只有几百人，但是却被遴选为马云乡村计划学校之一……工作室这个共同体越来越有活力和凝聚力。

工作室成立以来，全体成员初心不忘，严以律己，不懈探索，均取得了可喜的进步。

作为工作室主持人，我先后获全国和省、市、区优秀党务工作者、

我的领航教育之旅——从伏尔加河到大凉山

全国教育创新校长、全国优秀教师、全国中小学优秀德育课教师、安徽省三八红旗手、安徽省"五一劳动奖章"、安徽省教育系统新时代教书育人楷模、"安徽好人"等荣誉称号，两次受到习近平总书记的亲切接见；参与人民教育出版社教材编写，主持的国家级课题被评为全国课题成果一等奖，作为安徽省重大先进宣传典型，成为省、市先进事迹报告团成员，在全省和芜湖市开展巡讲。工作室成员费叶庆校长获得市级课堂教学、微课设计一等奖，被提拔到区属大型集团学校任书记、校长；王安平校长先后获得省、市级论文评选和课堂教学一等奖，并提拔兼任两所学校书记、校长；李伟校长主持、参与国家、省级多项课题研究，并被评为优秀教科研成果，撰写的论文获得省、市一等奖，赴香港开展教学交流；王爱林校长获得省、市课堂教学和论文比赛一等奖，被评为芜湖市优秀教师，成为芜湖市第二批名校长工作室主持人；查斐副校长荣获芜湖市"学科带头人"称号，课堂教学被评为省级优课，获得安徽省微课制作、教学论文一等奖，并提拔到区属大型学校任副校长；陈璐副校长课堂教学被评为部级优课，微课制作获得安徽省一等奖，课堂教学课例被人教社采用全国发行，多篇文章发表于各级刊物，被提拔为学校支部副书记；刘施俊副校长被提拔到集团校跨区域分校担任支部书记、校长……

　　工作室成员校长通过不断学习和广泛参与各项活动，不仅充分认识到一位好校长对学校发展的深远意义，而且教育教学和管理能力也都有了显著的提高，大家在各自的岗位上发挥着越来越重要的作用，朝着工作室制定的"建立学习共同体、提升管理水平、提炼办学思想、丰富自身内涵"的目标奋进，成员们的成功感、幸福感倍增。

　　一个人的情怀孤芳自赏，一群人的情怀才会春色满园。我们这个小小的共同体，聚合和带动着一批志同道合的教育合伙人，心有山海、以梦为马，正继续向着初心和理想奋进。期待全国各地的名校长也能和我们共同携手，成为交流学习的共同体，成为中国教育的金牌合伙人。

那年初相遇

每一位老师的心里，都有一份支教的情怀，远赴祖国最需要我们的地方，去播撒星星之火。2018年，教育部教师工作司正式发出了开展四川省凉山彝族自治州教育帮扶行动的号召。为贯彻中共中央、国务院关于打赢脱贫攻坚战的决策部署，2018年8月30日，带着一份期许、一份热爱，教育部领航名校长赵玲校长工作室积极响应号召，在安排好学校开学工作之后，我和工作室成员刘施俊老师作为首批支教队员，奔赴千里，来到火箭之城西昌。按照教育部教师工作司的工作部署，我们将和来自全国各地的骨干教师一起，集结后去往凉山州各贫困地区的学校，开展为期一年半的教育扶贫帮困工作。

9月1日上午，首批凉山支教教师研修班暨凉山教育帮扶行动动员会在西昌市顺利召开，来自全国领航名校长工作室的140多所学校派出了325名骨干教师走进凉山，助力凉山教育全面补齐短板、全面提档升级。教育部教师工作司、四川省教育厅、各选派教师省份教育厅领导在动员大会上做了动员和重要部署，赵玲校长代表广西师范大学基地讲话。

9月2日，我们的支教团队在教育部教师工作司的带领下，奔赴凉山州喜德县，并沿路考察、了解喜德县的教育现状。蒙蒙细雨中，几十辆大巴车缓缓离开西昌，教育部教师工作司的各位领导亲自送大家到支教的学校。四季如春的西昌，美丽如画的洱海，群山矗立的大凉山，见

我的领航教育之旅——从伏尔加河到大凉山

证着325名全国各地的优秀教师助力凉山教育的动人场面。

一路上，陌生的山景、崎岖的山路，让我们好奇着大山里的学校到底是什么模样。车辆辗转着停下来，这是一所希望小学。干练的女校长接待了我们，这所人数不多的小小学校，她在认真打造学校特色，让我们非常意外，也特别感动。我和她就学校特色课程建设进行了重点交流，尤其是跳绳特色课程的打造，提出了几点建议，并给她联系了一所安徽的跳绳特色学校，希望能对她今后工作的开展有所帮助。

车辆继续在大山中穿行。远远地，我们就在车上看见了那所山坳中崭新的学校。红白相间的建筑特别醒目，体现出凉山州和喜德县对教育的高度重视。不免想起前两日连夜赶到西昌，邀请我们一定要到思源实验学校的马海克启校长，感动于他的真诚和对学校发展的满腔热情，心中为支教团队今后一年半的工作有了更多的信心和期待。

还没到达帮扶驻点学校喜德县思源实验学校，远远地就看到了马海克启校长，激动地搓着手来迎接大家。马校长向我们初步介绍了学校的校园建设、师资队伍状况以及学生情况，并对此次支教活动表达了"万分"的喜悦和期待。

喜德县思源实验学校位于喜德县光明镇光荣村四组，始建于2018年9月，占地面积80亩，项目估算总投资1.15亿元，其中申请香港言爱基金援建1000万元，其余资金由中央、省州专项配套和地方自筹。黝黑的马校长，依然操着不太熟练的普通话带领我们参观学校。我们了解到，思源实验学校居然是一所年轻的"老"学校。年轻，是因为学校成立刚满一年；"老"，是因为学校的师生都是来自附近山区和山上的教学点、村小的多个地方。学校设计的办学规模为48个教学班，2400个学位。学校建筑面积34581.89平方米，其中教学及辅助用房12926.85平方米，学生宿舍10645.97平方米，学生食堂3352.22平方米，艺术楼2153.88平方米，教师周转房1884.1平方米，图书馆以及行政楼2593.03平方米，连廊201.24平方米，体育看台506.15平方米，门卫室61.69平方米，垃圾房9平方米，设备用房247.76平方米。另外还有体育场、道路硬化等附属工程建设。目前已有49个教学班，2567名学生，寄宿生1114名，约98%为彝族学生（汉族学生61名，穿青人1名），其中70%为留守儿童。有90名教师，平均年龄29岁，全部为大专以上学历。学校目前没有配备行政管理班子，只有一位校长、一位分管教学的副校长，其他都是来自各教学点的行政老师，缺乏系统的管理知识和经验，但是工作热情非常高，非常能吃苦，有一定的奉献精神。这些都是思源实验学校的财富，下一步就是要好好规划，让学校尽快走入正轨，再办出特色，让更多的山里孩子接受更加优质的教育。

教育部教师工作司黄伟司长说：满山的花儿在等待，彝族人民在等待，学校孩子在等待……接下来一年半的时间里，支教团队将带着责任与使命，带着社会各界的嘱托，"既带来粮食，又留下种子"，与思源实验学校全体教师一起，为学校的发展共同努力，为喜德县的教育事业添砖加瓦，为凉山决战决胜脱贫攻坚贡献一份力量。

问诊把脉定计划

思源实验学校近2600名学生，超过半数的学生住校。90位教师既要承担教育教学工作，还要管理学生的晨读、午餐、晚自习、查寝等工作，非常辛苦。学校因为缺少教师，一二年级基本上是一位教师包班，中高年级也存在跨年级上课现象。

进校以来，我在思源实验学校进班上课、进教室听课，通过听课评课，与教师的交流、调查，了解到学校青年教师很多来自特岗教师，大部分不是师范类院校或专业毕业，存在不会上课、满堂灌的现象。尤其是到了五年级，学生学业水平下降，数学成绩下滑比较严重，教师的教育教学方式亟须提高。

基于以上情况，支教团队制定了详细的计划。我们专门走进五年级的教室，开始听取五年级八个班的语文和数学课。第一天听了三节课，第一节语文课《口语交际：制定班级公约》由五（2）班的阿的伍呷老师执教，第二节数学课《小数乘整数》由五（1）班的阿的木呷老师执教，第三节数学课《小数乘小数》由五（3）班的沙马伍支老师执教。

我们几位支教教师对思源实验学校教学存在的问题专门开会进行了研讨。大家认为，从课堂教学的现状来看，目前存在几个问题：第一，教师年轻化，没有人带教、指导，全凭购买的教学参考书自己悟，教育教学水平难以提升；第二，教学任务过重，教师多为一人或两人包班，高年级从晨读到晚自习课全部由两位教师承担，除了上课还要批改作业、备课、辅导学生等，基本没有时间开展听评课、教学研究等活动；第三，学校建校时间短，行政班子配备不齐，学科教研活动还不能正常开展，教师只能自己跟着感觉走，也得不到专业的培训。

为此，我们商量制定了思源实验学校下一步的教研组建设计划和方案。从五年级数学备课组和二年级语文备课组抓起，从教学六环节规范做起，开展集体备课、大组内上研究课、支教教师上示范课、听名家优质课、同课异构、专家讲坛等活动，逐步搭建教研活动框架，促进语文、数学教研组的教研活动正常化。

与此同时，为贯彻中共中央、国务院关于打赢脱贫攻坚战的决策部署，根据教育部教师工作司《关于开展四川省凉山彝族自治州教育帮扶行动的通知》要求，要充分发挥优质教育资源辐射作用，促进优质教育资源流动共享，实现教育共赢，推动教育改革和西部地区教育的发展，实现以岗带动、结对互促、双向受益、共同提高的共建目标，切实助推结对帮扶学校的快速提升与发展，培养爱党、爱国、德智体美劳全面发展的社会主义事业建设者和接班人。我们和思源实验学校经过多次讨论，结合双方学校工作实际，制定了结对共建方案。

结对双方须共同商讨、互相配合，完成实施方案内容。双方均有义务为对方学校提供开展教育交流活动的便利条件。两校结对共建的具体内容及形式如下：

第一，班子结对，管理合作。建立校长定期联系、干部选派交流制度，采取定期互访、对口跟岗等方式，在办学理念、发展规划、学校管理、队伍建设、质量提升等方面开展交流共建，切实帮助思源实验学校管理干部提升管理水平。原则上，每3年一个周期内，两校之间校长互访不少于1次，专题交流不少于3次，干部选派交流不少于3人。

第二，教师结对，教研合作。推进教学教研交流，充分利用录播教室等网络平台和信息化手段实现实时互动。通过网上远程辅导、同步课堂、同步教研、专题课堂等方式，在结对学校之间开展教学教研互帮互学。定期开展优秀骨干教师、优秀班主任对口结对交流，适时带领思源实验学校教师参加全国各类教育教学比赛，欢迎思源实验学校教师来校跟班学习、听课议课、观摩特色班队活动、班主任经验交流、暑期培训等。

第三，学生结对，德育合作。开展"心手相连，书信会友"学生结对共建活动，以共建互助团队、赠送学具书籍、书信互通、网络交流等方式，帮助双方学生互相了解彼此的学习生活状况，互帮互助，共同成长。在条件成熟的情况下开展夏令营和研学活动。

第四，资源结对，共享合作。帮助思源实验学校提高信息技术应用水平。利用录播教室、学校网站、网络备课平台、资源平台等信息化手段让思源实验学校教师参与芜湖市师范学校附属小学教师信息技术培训和全国中小学信息技术创新与实践大赛参赛课的说课、上课、磨课全过程，将获得全国中小学信息技术创新与实践大赛一等奖的课例与思源实验学校教师共享，帮助指导思源实验学校教师参加此类信息技术教学大赛。芜湖市师范学校附属小学教师获奖的优秀课例、微课、教学设计等优秀信息化资源与思源实验学校教师共享，选派优秀教师去思源实验学校送教并指导信息技术应用方法。两校教师共同以 QQ 群、微信群等方式广泛开展教育教学等工作交流。

进行校园文化和特色课程建设主题研讨。芜湖市师范学校附属小学分别以校园文化建设和校园吉尼斯、快乐周五、家长进课堂、阳光成长储蓄银行、传统游戏节、绿色作业日等特色课程，以及书香班集体、优秀班队管理等德育课程主题，与思源实验学校进行研讨，帮助该校形成自己的办学特色。

充分利用学校挂牌的特色工作室（教育部领航名校长赵玲工作室、芜湖市名班主任王静工作室等）专家、师资等丰富的资源，帮助思源实验学校把脉问诊、量体裁衣，制定行之有效、最适合学校发展的可行性发展规划。

此外，结合实际加强硬件支持。从芜湖市师范学校附属小学实际出发，根据思源实验学校的需要提供图书、仪器等方面的支持，帮助改善办学条件。

"既带来粮食，又留下种子"

2019年11月21日，我和支教队刘施俊老师带领思源实验学校彭晓庆和巴莫伍呷两位老师，去上海市浦东新区进才实验小学，参加北京师范大学第30期小学校长高级研修班联盟举办的以"把握新课标，用好新教材"为主题的跨省市联合教学研究活动。此次活动将展示多地教师的教学理念、智慧与风采，并为参会者提供教学观摩、经验分享、疑义辨析、专家引领的平台。

联盟会会长、上海进才实验小学赵国第校长为开幕式致辞，我作为秘书长也协助进才实验小学团队，为此次活动做了精心的准备和安排。思源实验学校的彭晓庆老师将会代表芜湖市师范学校附属小学教育集团现场展示语文课《大自然的声音》。

为了确保在此次活动中更好地展示思源实验学校教师的风采，2019年11月17日晚上，思源实验学校的老师们便来到了安徽芜湖，进行展示前的磨课准备工作。这是两位老师第一次走出四川，来到安徽芜湖，更是第一次去往上海，要和上海的孩子们一起展示一节原汁原味的《大自然的声音》。芜湖市师范学校附属小学的语文教师都放下手中繁忙的工作，和彭老师共同备课。三天来的备课、听课、磨课，大家给出了许许多多宝贵的经验和建议。热闹的校园回归了平静，早就过了下班的时间，刘施俊老师还在精心指导彭老师进行制作和修改课件。夜深了，陈蕾老师还在帮助修改教学设计……

▲▲
▲▲▲

093

到了上海，从走进进才实验小学的教室和孩子们接触，一直到上课前一刻，彭老师都在紧张。我特意从道德与法治课程展示的现场来到彭老师身边，握着她冰凉的手，鼓励她："上海的学生和芜湖市师范学校附属小学的学生差不多，你和全国各地的老师区别也不大，这次的活动是为了更深入地交流和研讨国家统编教材，大自然的声音还是我们大山里的老师感受最深，不用紧张，就像在芜湖市师范学校附属小学试教时候那样正常上课就很好了。"课后，专家们对彭老师这节课赞赏有加，评价她的课是"原汁原味"的诠释，这让思源实验学校的年轻教师树立了自信。接下来的活动中，她听得特别认真、仔细，会后也敢于和专家交流、请教了。

这次的研讨活动从各地教育教学实际出发，探究国家统编课程的教育教学方法，提升了教师的专业素养。两位思源实验学校的老师有感而发："来自全国各地的老师们展现出了自己的智慧与风采，他们对教学的设计、对课堂的把握、对学生的关注，大方自然的教态、柔和动听的声音无一不值得我们学习。他们让我明白了教学来源于生活，以及培养学生学习兴趣的重要性；芜湖市师范学校附属小学老师们让我懂得怎样在课堂上体现学生主体性，备课应从哪些方面入手，如何与学生交流……还有怎样制作课件、美篇等，从未走出四川的我们，这一趟的收获实在太大了！走出凉山，让我们成就了心中的梦想！"

两位老师回到喜德后，原景重现，把自己的课堂、感悟和收获毫无保留地与全县教师分享，引发了老师们的热议。她们就像那一颗小小的火种，从此播撒在了大山里教师的心田上。

魂牵梦萦回喜德

2020年，是不平凡的一年。开学季也前所未有的压力山大。新生人数远远超出预期，教室不够用，五六年级还是要到其他学校借教室上课；创建全国文明城市正如火如荼地开展，集团校积极申报创建全国文明校园……安排好开学前的各项工作，我赶回家拖着打包好的行李，匆匆奔赴机场。候机室里，看到孩子们奔跑的身影，仿佛看到我们班的小娃们睁着大大的眼睛，看见我就跟着喊"赵老师"的模样。想起上学期放假前，马校长一直念叨，这学期教师更紧缺，按1：19的教师编制，教师缺口要有50人了；市政道路还未建到学校，急需扩建……不知道现在这些问题都解决到了哪一步。快开学了，我要回喜德了！

由于两天只有一班飞机，我们的航班是乘着夜色起飞的。舷窗外，城市的万家灯火璀璨而又温暖，乘客们陆续熟睡，而我的心却早已飞到了千里之外的大凉山，飞回了那块让我魂牵梦绕的土地。

凌晨一点半，飞机按时降落在西昌机场。走出机场大厅，看到熟悉的阿果老师，这才真切地感觉到：大凉山，我又回来了！

从西昌市通往喜德县的道路，有几百公里的高速和盘山公路。因为修路的原因，我们不能从泸沽镇路口下，只能提前从漫波镇下了高速。一路上，阿果老师和我们聊天，说起他小时候，大凉山的孩子很多没有接受学校教育，女孩子大部分都是没有机会上学的。现在国家对教育很重视，投入很大。走进大凉山，最漂亮的建筑就是学校，孩子们在学校吃住、学习，都是国家发的补贴。现在大凉山的学校，男女生的比例基本持平，家长对孩子的教育也越来越重视。但是大山里还是留不住人才，学校紧缺教师……虽然已是深夜，看着陌生而又熟悉的大山，我仍没有一丝倦意。我支教的思源实验学校，目前已经有49个班，2600多名学生，教师只有90人，低年级都是一个老师包班，工作量非常大，学校的发展、教师专业成长等都期待我们这批教育部名校长工作室的校长老师们来指导，之前来的老师都特别厉害，老师们很敬佩、孩子们都很崇拜……

经县道一路颠簸，深夜的路上足足跑了两个多小时，终于在凌晨四点钟，我们到达了喜德县，为了不影响学校老师们休息，阿果老师不顾自己辛苦，将我们安顿在附近的喜德温泉宾馆，嘱咐我们一定要好好睡一觉，第二天中午十二点再到学校。简单的洗漱之后，我们很快进入梦乡。

早晨八点半，我被清脆的手机提示音惊醒。原来是思源实验学校的马海克启校长知道我们已经到了喜德，迫不及待地要来接我们回学校。他发消息说，让我一醒来就给他打电话，他已经在学校等着接我们了。来不及看看酒店里的温泉是个什么模样，半小时后，我们就乘车去往思源实验学校。远远的，看见马校长站在学校门口，见到我就兴奋得一直说："哎呀，赵校长，你来了我们大家都特别高兴！"我想说，我也特别、特别高兴能够重回思源呢。

学校门口的农田边已经停放了大型器械，校门前的道路总算是要开工建设了。就这么和马校长聊着，一路进入校园，到处干净整洁，花圃内不见一点杂物，"好习惯好人生"的办学理念正在使学校悄悄发生着变化。

走到教师宿舍门前，我的房间大门早已经打开了，宿管老师从里面冲出来，紧紧地抱着我说："赵校长，您回来啦，被子都给您洗好、晒好了，房间也都打扫干净了，这几天我天天都在给房间通风，还缺什么您跟我说。"熟悉的人、熟悉的房间、熟悉的感觉，让我一下子又回到了上学年在思源实验学校的点点滴滴……宿管阿姨还在说："赵校长，我家莫小妹很想念您，总是问赵老师什么时候回来啊，这次回来就不走了吧！"想起去年莫小妹带着我去学生家里家访；想起她牵着我的手，遥指着山上的房屋告诉我，那就是她的家；想起上课时她那大大的眼睛总是热切地看着老师，充满求知的渴望……思源的孩子们，赵老师回来了。

不知道是因为终于回到了魂牵梦萦的思源大家庭，还是太过疲倦，整整一个下午，我都睡得香甜而深沉。

忙忙碌碌又一天

9月9日，明天就是全国第36个教师节。一大早，在食堂吃早饭的时候，就听到老师们兴奋地议论，今年教师节怎么过。匆匆吃完早饭，到办公室后，我和马海克启校长召集全体行政老师，商议教师节活动的方案。按照思源实验学校常规，教师节通常是以拔河、跳绳等休闲活动为主。按照教师节庆祝简单而隆重的要求，我提议，开展思源实验学校首届"最美教师"评选和表彰活动，评选和鼓励一批爱岗敬业、无私奉献的优秀教师。会场给每位教师准备一个小蛋糕、一朵鲜花、一瓶饮料，还有一份师德承诺书。大家纷纷说好，从制定评选办法到人选推荐、材料准备等，大家分头开始忙碌起来。

按照凉山州的惯例，教师节这天应该放假，但是考虑到本次教师节正好是周四，学校决定报告到县教育局，推迟一天过节，学生周五放假，也就是把教师节庆祝活动推迟到9月11日周五上午九点举行。

下午，马校长来告知我，他要到西昌去参加教师节表彰会，他这次获评凉山州优秀教育工作者，想让我帮着修改完善他的大会发言稿。稿子写得情真意切，也让我感受到一位贫困地区农村学校校长满腔的工作热情和浓浓的教育情怀。由于马校长的普通话是上学以后才学会的，改完稿子，我又让他试读了一遍，腼腆的马校长终于满意了。在我的提议下，马校长穿着最整洁的西服套装，换上擦得锃亮的皮鞋，佩戴好闪亮的党徽，终于走出校门，开心地去西昌参加彩排了。

这周是史副校长值周。晚上，我还是和她一起到学生宿舍查寝。孩子们看到我来查寝，都很开心，围着我问这问那。有的说，赵老师您不要走了，就留在喜德，喜德的风景是最美的，空气也特别好，会让人长寿；有的说，自己要考去芜湖的大学，可以常常看到赵老师，要去赵老师家帮着干活……孩子们的真诚和淳朴，又一次深深地打动了我。孩子们，赵老师会一直和思源在一起，等以后退休了，我还要回到思源实验学校，给喜德的孩子们讲课，和你们一起去山上摘核桃、过火把节，一起唱响《凉山谣》，跳起火把舞……

特殊的教师节

9月10日，全国第36个教师节，教室里，孩子们在黑板上写满了祝福语；校园中，见到老师总是真诚地道一声"教师节快乐"！

在这个特殊的教师节，我早早地走进课堂，听沙马伍支老师和莫色阿且老师的数学课、刘霞老师的语文课。课下，我与牛慧洁老师一起和几位老师直接站在黑板前，找出课堂教学的亮点、分析不足，交流教育教学的新方法、传播新理念。下午，我们走进办公室，汇总手头资料，调查了解教师专业发展的需求，谋划第二届科研节的举办。放学前，我们组织支教教师和学校教研组长、科室负责教师商讨确定本学期的教科研活动计划与方案，严格"教学六环节"，开展集体备课，规范教学流程，加大教科研力度，全面提升教师专业水平和教育教学质量。周末的时候，我们还计划着和班主任老师继续去几位学生家中家访。匆匆吃了晚饭，华灯初上，我们和值班行政老师一起在校园巡视晚自习的情况；九点整，和值周老师一起去宿舍查寝，做好学生的安全教育……

不知不觉中，一天就结束了。站在宿舍门口，我们还在交流：2020年是决胜全面建成小康社会、决战脱贫攻坚之年，期待更多的老师用爱心和智慧阻断贫困代际传递，点亮万千乡村孩子的人生梦想，也展现我们当代人民教师的高尚师德和责任担当。在这个特殊的教师节，祝思源的各位老师和支教队员们身体健康，忙碌着并快乐着、辛苦着更加幸福着！

从走进思源实验学校的那一刻起，可以说支教团队的每一位老师都使出浑身的解数，经过坚持不懈的听课评课和事无巨细的了解，多次召开会议，商讨制定学校发展规划，有计划地对学校党建工作、教育教学、德育工作进行梳理、谋划和指导，确定了"好习惯好人生"的教育理念，努力在问题中改进，在发展中践行，在未来美好愿景中筑梦，执着追求"办一所值得孩子向往的学校"的教育理想，力争办一所在凉山州乃至四川省享有声誉的县域内优质教育均衡发展的示范学校。支教老师和全校师生与这所年轻的学校一起，蓄势待发，勇往直前。

针对梳理出的问题，支教团队开设了"思源讲堂"论坛活动，给全校的管理干部、学科教师、党员开展培训和讲座分享。对于老师们的好奇："赵校长和总书记握过手吗？"我首先开讲，给大家做了《一堂特殊而难忘的思政课》分享。之后，我和支教队员分工准备，陆续开设了培训讲座等十多场次。每一次，讲座都吸引了喜德县其他学校教师和全部行政老师的到场学习；每一次，分享的老师们都被喜德县的老师们求知若渴的精神所感动；每一次，分享结束后，身边总有不舍离开、问题不断的教师……在喜德的每一天，我们的心里总是充满着沉甸甸的激情和用不完的干劲儿，喜德的教育需要我们，喜德的老师和孩子们也需要我们，再辛苦也无悔了。在这个特殊的教师节，我们祝愿所有的老师们，节日快乐！

满山的花儿在等待

受欢迎的科研节

群山巍峨，彝风浩荡，五彩凉山，大美如画。历史文明的璀璨光辉，映照一个古老民族的勤劳智慧，时代巨变的恢宏旋律，见证一方神奇沃土的灿烂辉煌。在群山环抱的秀美风光里坐落着一所"孩子们向往的学校"——喜德县思源实验学校。

为贯彻落实教育部教师工作司《关于开展四川省凉山彝族自治州教育帮扶行动的通知》，充分发挥名校长在教育帮扶攻坚中的重要作用，积极开展教育部领航名校长工作室及成员校长、任职学校骨干教师面向凉山州的教育帮扶行动，以促进优质教育资源流动共享，实现教育共赢，推动教育改革和贫困地区教育的发展。2019年10月23日，来自安徽省各地市的工作室成员及所在学校骨干教师们拂去途中的疲惫，满怀教育的情怀，走进四川省凉山州喜德县思源实验学校，开展为期五天的教育帮扶活动。

10月24日清晨，名师团队一行23人，走进被大山环绕的喜德县思源实验学校，开展思源实验学校首届科研节活动。四川省凉山州喜德县教体科局分管领导及全县部分小学教师参加了此次活动。简约而又隆重的开幕式在学校报告厅举行。马海克启校长热情洋溢地致辞：

为贯彻中共中央、国务院关于打赢脱贫攻坚战的决策部署，根据教育部教师工作司《关于开展四川省凉山彝族自治州教育帮扶行动的通知》要求，教育部领航名校长赵玲工作室积极响应政策号召，带领她的团队不远千里来到我们喜德县思源实验学校开展教育帮扶活动。在此，我代表思源实验学校对大家的到来表示热烈的欢迎。

此刻我的心情澎湃，激动万分，千言万语，难以言表。这次教育帮扶工作的开展，不仅仅是对我们喜德县教育工作的支持，更是一片浓浓的情谊。我们要记住这个感人的时刻，记住这样一个温馨的场景。

思源实验学校在上级领导的帮助和大力支持下，一步步发展、成长，成了现在拥有全县最好的教学环境和教育装备的现代化学校。

贫困地区的教育问题一直以来都是重点问题。正所谓，治贫先治愚，扶贫先扶智，贫困地区的教育问题与贫困地区的脱贫、扶贫工作有着紧密的联系，贫困地区的儿童教育更是重中之重。国家的教育经费一直在向贫困地区倾斜，只有解决了贫困地区孩子们的教育问题，才能让孩子们免于陷入贫困代际传递，才能让贫困地区真正意义上开始"富"起来。相信在党中央的关心和支持下，以及上级主管部门的领导下，在赵玲校长以及工作室团队的帮助下，我们一定可以打好这场攻坚战，我们将与全县教育同仁一起为喜德县教育事业的发展共同努力。

我代表所有支教和送教的老师作简短发言：

告别了绿意盎然的夏天，我们迎来了绚丽多彩的丰收季节，迎来了喜德县思源实验学校的首届科研节。因为教育部的结对活动，我们工作室的全体成员走进美丽的凉山，从此和喜德结下了不解之缘，和思源实验学校成了兄弟学校。从今天开始，我们和喜德、和思源，就成了教育的共同体，成了不可分割的一家人。

本次科研节，我们以深化课程改革，构建"高效课堂"为目标，在新课程的实践中，切实转变教育观念，更新教育思想，创新工作思路。今天，我们以安徽省八位骨干教师的课堂教学展示来抛砖引玉，激发一线教师的思考与实践，促进大家进一步提高教育科研水平，走专业化发展之路。

非常感谢喜德县的各位领导和各级主管部门，感谢思源实验学校，给我们这样一个机会，提供这样一个展示、学习和交流的平台，感谢大家的积极参与，也要感谢今天上课的教师、可爱的孩子们，还有为这次活动付出无数心血的思源学校的老师们，感谢大家！

最后，预祝本次科研节取得圆满成功，祝各位领导、老师们工作顺利，心想事成！谢谢大家！

在接下来的优质课展示中，芜湖市育红小学教师查斐执教音乐课《赶圩归来啊哩哩》，活力四射而创意十足的教学风格让大家充分感受到了别样的彝族风情。芜湖市师范学校附属小学教师孙晶执教音乐课《跳圆舞曲的小猫》，形象直观而有趣巧妙的教学设计帮助学生深入地感受体验音乐。芜湖市大官山小学教师徐婷执教语文课《小书包》，设计精巧而扎实有效的教学方法很好地综合了生字教学和常规教育。芜湖市环城西路小学教师周家馨执教语文课《剃头大师》，趣味盎然而亲切自然的教学过程凸显出阅读之魅力。芜湖市育红小学旭日天都分校教师陈静执教语文课《漏》，以生为本而逐层设问的教学手段体现了新课改的精髓。池州市青阳县蓉城镇第二小学教师陈刚执教数学课《分类》，灵活多样而趣味创新的教学理念让学生体会数学知识来源于生活。芜湖市镜湖小学教师刘琳执教数学课《用字母表示数》，层层递进而环节紧凑的教学情境激发了学生的学习兴趣。芜湖市龙湖中心小学教师盛亚仙执教数学课《圆的认识》，流畅自然而宽松平等的教学氛围优化了学生的学习能力和学习品质……丰富有效、亮点频频的八节优质课得到了与会专家和听课教师的一致好评。在互动评议环节中，听课教师抑制不住激动的心情，纷纷畅所欲言。先进的教学理念，多样的教学方法，让大家耳目一新。全县教师和校长们都赶来听课，参加研讨，感叹不虚此行。

具有彝族特色而又动感十足的韵律操《雏鹰飞翔》拉开了大课间活动的序幕。大家齐聚操场，百余组体育活动在老师们的组织下井然有序地进行着，大课间活动在支教队员的指导和组织下，获得凉山州二等奖，这是学校目前获得的最高奖项。迎着阳光，孩子们快乐的笑脸深深感染了每一个人，真想和他们一起运动起来！

第二天，芜湖市师范学校附属小学四（2）中队和凉山州喜德县思源实验学校四（4）中队结成手拉手中队。结对仪式上，四（2）中队的孩子向大家送出了自己亲手制作的贺卡、亲笔写的信件，并向四（4）中队的孩子赠送了"友谊球"。在信件中，大家交流了自己的生活、学习以及家庭、学校情况，今后还将通过书信往来、交流互访等活动深入了解对方、互相激励、联络感情、共同进步。

冒着淅淅沥沥的雨滴，支教团队一行人来到3户彝族学生家中家访。在走访的路途中，随处可见家家户户门前挂着玉米、核桃、南瓜和豆角。孩子们在山野间嬉戏，老人们不紧不慢地做着农活和家务活，一派生机盎然。我们来到村里，虽然语言交流不是很顺畅，但是大家都非常热情，孩子们悄悄跑回家，拿出新鲜的山核桃，把我们的双手和口袋塞得满满的。

在学生家中，我们细心入微的交谈、体贴暖心的询问，彝族群众的淳朴民风和勤劳朴实给我们留下深刻的印象。家长们毫无保留地与大家倾心交谈，对于老师们长途跋涉来到喜德县支教表示了真诚地感谢。沙马伍支妈妈表示："作为家长，在外出务工之余一定会关心孩子的教育问题。让孩子们多读书，将来走出大山造福家乡。"

绵延的大山里，一群雏鹰跃跃振翅、志在千里。审视今日，憧憬未来，"办一所值得孩子向往的学校"是思源实验学校和教育部领航名校长赵玲工作室全体成员的共同承诺。相信大家携手同行、励精图治，定会共谱学校明天更壮丽的华章！

支教一年来，团队教师深入调研了学校信息技术的使用情况。思源实验学校自2018年搬入新校址以来，投入了大量资金，全面构建数字化校园网络，大力推进全校师生对校园网资源的有效应用。到目前为止，已经建设好以光纤介入主干网络为基础平台，以校园网应用为主线，以实现广泛的教育资源共享、提高教育教学的信息化水平为目的的校园网络。

学校由中国移动公司接入两百兆光纤，组成快速工作组网。各类信息化设施设备完好率达100％。网络信息点覆盖全校所有教室、办公室、各功能室，网络扩展到整个校园。在所有的教室安装了多媒体教学一体机，使得每个教室均具备课件播放、网络浏览等教学辅助功能；利用微信群，发布学校信息和校务公告等，充分利用校园网络的强大功能，实现校园信息化。

学校现有教学用计算机教室三间，每间教室配置了电脑56台；智能录播教室三间，可满足学校的正常教学、远程教科研活动等需求；各学生教室共计配备了49台多媒体教学一体机，可以满足学校日程教学中的多媒体辅助教学需求；学校各职能办公室以及教师办公室现有电脑105台，在日常办公和管理中基本实现办公自动化，计算机和校园网络功能利用率高。广泛运用现代教育技术手段，实现计算机辅助教学，极大地提高了课堂教学效率，成为学校一道亮丽的风景线。

为此，支教团队提出全面推行"互联网+"教育的口号，争取通过本次创新教育扶贫的契机，进一步提升学校信息化基础设施和多媒体资源建设水平；加强信息化应用系统建设和信息资源开发的力度，全面提升学校信息化应用水平，努力使信息化应用在学校教学、学校管理中发挥更大作用；加强校园网络文化建设，形成健康、积极、向上的用网环境；积极推进学习研究型和谐团队建设，打造一支专业的、高素质的信息化队伍，为学校的发展打下坚实的基础。

基于此，2020年10月，喜德县思源实验学校第二届科研节如约而至。参加本次科研节的有：四川省凉山州喜德县教体科局副局长吉力伟各、教育部领航名校长工作室主持人、芜湖市师范学校附属小学书记兼校长赵玲、芜湖市罗家闸小学书记兼校长朱彤彤、芜湖市三山区龙湖中心小学书记兼校长章如兴、芜湖市繁昌县繁阳镇城关四小书记兼校长王爱林、池州市青阳县蓉城镇第二小学书记兼校长施国平、四川省凉山州喜德县思源实验学校书记兼校长马海克启以及喜德县各小学的校长、学科教师。这一届科研节，针对学校教师不能熟练使用软件和多媒体设备问题，送课教师专门开设同课异构和多媒体融合课堂的四节实践应用课，并且开设《如何撰写教学论文》教科研讲座、《如何用希沃白板5制作教学课件》、《如何从网络中提取各种素材》软件使用讲座等。

两届科研节活动，给喜德县的教师们带来了崭新的课堂、全新的理念，老师们的每一节课都得到大家的高度评价。研讨、交流、互相学习的氛围浓厚，受到全县教师的大力欢迎。

大山里的小足球队

每天晚上六点，你会看到思源实验学校的操场上，都有一群可爱的孩子们跟着教练老师一起进行足球训练活动。这是思源实验学校第一支足球社团的学员们，而教练老师正是教育部领航名校长赵玲工作室支教队的汪勇老师。

芜湖市师范学校附属小学作为首批全国校园足球特色学校，在校园足球社团建设方面有着丰富的经验和优异的成绩。教育部领航名校长赵玲工作室支教队的汪勇老师曾率领芜湖市师范学校附属小学足球队斩获芜湖市首届校园足球联赛的冠军。在教育部启动第二批赴凉山州支教工作后，我就给汪勇老师制定了一个小目标：作为一名体育老师、足球教练，此次赴思源实验学校支教，其中一项重要任务就是一定要帮助他们组建起学校足球社团，让思源实验学校的孩子们喜欢足球，会玩足球，踢好足球。

2020年5月25日，汪勇老师第一天投入工作就向思源实验学校马海克启校长就组建学校足球社团工作进行筹备计划的汇报。马校长非常欢迎并表示一定会大力支持。当天下午，汪勇老师就与思源实验学校体育组的其他几位老师就学校足球社团的组建工作进行了情况了解和商议。

由于思源实验学校的孩子们从未接触过足球，基础非常薄弱，再加上地域文化和语言沟通的差异，足球社团的组建存在着许多问题。汪勇老师克服困难，多方收集资料，根据学校的特殊情况和学生的年龄特点拟定了第一批足球社团的工作方案和训练计划。

经过一周时间的努力，思源实验学校第一支足球社团正式组建完成，社团分为校足球队、两支足球预备梯队和一支女子足球队共计120余人。6月2日，社团训练活动正式开始，汪勇老师主动请缨担负起校足球队教练的工作。

为保证训练质量，提升思源教练团队的整体教学水平，汪勇老师第一天就进行了足球训练示范课的展示活动，并在课后与体育组教练老师们进行了评议课，助力提升社团训练水平。

社团训练时间安排、训练日志的编写、训练方法的教学以及训练器械的使用等方面，汪勇老师都安排得井井有条。无论刮风下雨还是烈日炎炎，汪勇老师身先士卒从未有一天停训。训前交流，训后总结反思，他的敬业精神也得到了体育组教练团队的一致认可和赞许。汪勇老师的部分日记里记录着他爱心支教、传递梦想的汗水和努力。

2020年5月27日　周三　雨

早晨醒来，依旧是小雨连绵，真希望雨天早点过去。在宿舍吃完早饭，我就来到了行政楼开始了一天的工作。

来到校长室，按照马校长昨天的工作安排，我把连夜写的主持活动讲话稿交给了马校长，马校长给我点了个赞。

昨天因为马校长临时召开行政会，我和赵校长在606班听了庄书婷老师的数学课，都还没来得及和她评课。我在八点半左右就去了六年级的办公室，正巧遇到了上次到我校开展教学交流活动彭晓庆老师，我把彭老师在上海进才实验小学授课的光盘转交给了她，彭老师特别开心！简单聊了几句，庄老师也来到了教室，我们和庄老师一起就昨天的那节课进行评议……

回到行政楼与鄂尔多斯的两位老师就最近的工作进行了简单的梳理，确定了一下近期我们的工作重点，一上午的时间就过去了。

下午的工作一切如旧，校园里也没有因为明天要开展大型活动而显得紧张、忙碌。

晚上五点，在食堂吃过了晚饭，我就准备开始对思源实验学校小小足球队进行第一次训练了。五点三十五分我就来到了训练场地，看到已经有不少的孩子们来到了场地，大家在一起打打闹闹，很是开心，也许是因为训练就不用上晚自习的原因了吧！

我走到孩子们中间，大家对我的到来表示很惊奇却也不害怕，都好奇地围着我问这问那，仿佛这里的孩子已经习惯见到各地支教的老师来这里给他们上课。为了尽早地融入学生，我和他们做起了简单的游戏，以加深感情，让孩子们熟悉我，另外我也希望通过游戏初步了解一下学生的身体素质和心理情况。

六点十分，六位教练一起来到了报告厅前的篮球场。按照事先安排好的计划，大家都开始了正常的训练，而我在一旁观察训练的内容、方法和模式。一番时间观察下来，我了解了现在所面临的困境。学生基础差，纪律性不高，老师技术动作不规范，而且对学生的专业足球训练没有什么章法。紧接着我集中了各位教练开始向大家教授一些基本的球性练习的技巧，并推广到各个训练队……，由于孩子们还要继续上晚自习课，第一天的训练很快就结束了。最后，我和各位教练老师进行了简短的交流，对于教练老师的课前准备课上的服装、纪律要求都做了规范，并计划在明天的训练中进行校队的挑选和梯队的组建。

经过一个多小时的训练，我心里感到任务还是很重的。如何培训教师，如何提高训练成效，我想这是我接下在支教期间最大的任务了！我有信心一定能将思源的孩子们教出成绩来！

2020年5月28日　周四　晴

今天，学校将迎接中央广播电视总台和中国扶贫基金会到学校开展爱心包裹的捐赠和发放活动，我早上醒来就抓紧时间开始准备。七点十分，我就接到了马校长的电话，由于天气情况不明朗，马校长让我重新修改了已经完工的室内活动背景图片。不负嘱托，20分钟搞定，并得到了学校工作团队的认可。而我也继续开始和思源的老师们一起进行活动的准备工作。调试音响、灯光，搬动桌椅布置会场，辅导学生献红领巾，一番忙碌后一切准备妥当。活动准时开始，这时我又化身摄影师，为活动记录精彩瞬间。十点整，室外的活动圆满结束，我又回到办公室开始整理照片。虽然一直都很忙碌，但我觉得作为一名支教队的老师，走进思源就应该把自己看成思源人，为思源的活动做准备也是理所应当的。中午下班的时候，原本晴朗的天气又开始淅淅沥沥地下雨，不得不说，这大山里五月的天气真让人看不懂，好在活动的时候一滴雨都没有下，小小的开心一下！

下午，我和其他两位支教队的老师准时到办公室上班，开始手头的工作。郝小雨老师要编写第三期的简报，张益嘉老师要去听课，而我也开始编写自己的工作日志。这时，马校长来到办公室邀请我们参加县交警队在学校开展的交通安全讲座活动。来到活动现场，孩子们已经坐在了指定的位置上，交警们正在进行最后讲座的准备。讲座的时间不长，30分钟左右，但通过对整个活动过程的观察，我发现了学校工作团队的诸多问题：分工混乱，责任不明，所有人都是在马校长的安排下完成相应的工作。活动结束后，我来到马校长的办公室和他进行了沟通。我毛遂自荐地要求开展关于学校团队分工和活动宣传新闻稿件撰写以及摄影摄像方面的培训活动。马校长十分高兴，非常期待我的表现。

晚上五点，吃过晚饭，略作休息后就来到了操场。今天是本周的最后一次训练（因为周五下午所有学生都将离校，就无法开展训练活动），我发现经过昨天的简短培训，所有的老师们精神面貌都有了很大的提高。训练前，我集中各位教练老师进行了今天训练的内容安排：第一，推荐各自队伍里的优秀学生临时组成校队预备队；第二，进行梯队的重新组建和训练时间、场地以及突发情况的安排。训练中，我参与到各个训练队的教学中，提出要求，观察效果。经过一段时间的训练，校队32人组建完成，剩余的学生组成了女队和三支后备梯队。等学生离开操场回到教室，我又与教练老师进行了训练内容的交流。我主动承担了下周一的训练示范课。我相信一切都会进入正轨，一定能够收获成绩。今天我郑重和海来老师以及其他几位老师沟通了我的想法：建立训练日志制度，考勤制度，编写思源实验学校的校本足球训练教程。虽然时间有点紧，但我相信在体育组8位老师的共同努力下，一定能够取得圆满的成果，为今后学校足球队的训练打下基础。

2020年6月2日　周二　多云有雨

今天有风，格外冷。山里的天气真多变啊，一会儿艳阳高照，一会儿狂风骤雨。经过了昨天紧张忙碌的工作，今天仿佛一下子轻松了许多。

早上按时来到办公室，我便开始准备原定今天中午开展的新闻摄像技术培训工作。收集材料，制作课件，忙得不亦乐乎。中午十一点二十分，所有准备工作全部就绪，我第一时间向马校长汇报工作。看了我做的课件，马校长赞不绝口，不过因为学校近期请假教师较多，马校长希望把培训工作延后一点，这样才能让更多的老师有收获。这个急刹车虽然让我有点猝不及防，但是经过一个上午的强压准备，自己其实也得到了锻炼。

中午时间很快就过去了，下午继续准备晚上的足球训练，从内容到方法，从框架到格式，从时间到教具，我一遍一遍地在脑中演练，这是校足球队的第一次训练，也是一次示范公开课，一定要做到万无一失。

吃晚饭的时候，老天真是不给力，瓢泼大雨倾盆而下，但是原定的训练计划还是照旧。孩子们早早地就来到了风雨操场进行准备，看着孩子们那份热情和积极，我想晚上一定会很顺利吧！孩子们很懂事也很听话，在我来之前他们就已经在代理班长的带领下开始做准备活动了，做操、慢跑，所有人都很认真。这里的孩子给我最大的感受就是他们很纯真，从不会要小聪明，做就认真做，态度比城里的孩子要认真。

一个小时的训练很快就过去了，赛后总结时看着孩子们一个个略显红润还带着汗滴的脸庞，没有一个有怨言，没有一个发牢骚，真是可爱的孩子们。你若不离不弃，我必认真对待。还有一个多月的训练时光，我陪着大家一起努力，为思源争光，为自己努力，你们一定会很强！

2020年6月3日　周三　晴转雨

又是一个多云有风的天气，还是冷啊。穿好了外套，吃了早饭早早地来到了办公室。十点二十分，学校报告厅里将开展语文公开课展示活动，趁着时间还没到，我赶紧开始处理手头的工作，足球队训练总结，日记撰写……另外，我还给妈妈打了一个电话。毕竟我孤身在外，家里爱人又有孕在身，我希望妈妈在保重身体的情况下多多帮忙。

没想到因为和妈妈通话的时间有点长，等我走进报告厅，陈老师的六年级语文复习公开课已经开始了。陈老师是一名退休教师，和我们的身份一样是一位支教老师。生动的语言，有趣的游戏，课堂气氛从起初的有点紧张到积极活跃，授课效果和呈现状态都是非常好的。公开课结束后，我诧异地看着所有的老师和学生都离开了报告厅，难道不是应该老师们一起评议课吗？接着在和史校长的沟通中了解到，因为现在学校的新课教授时间紧张，又是支教老师授课，所以就没有安排后面的教研活动。赵校长也及时提醒了史校长，教科研活动的流程要规范，不能小看评课议课，这对一线教师的专业发展还是起着很重要的作用，要及时开展。后来，我更深入地了解了思源实验学校的发展历程。学校在建成初期，校舍还未建成，学校的老师又少，都是集中在一个私人的房屋内开展教学，班级学生多达八九十人。那时候史校长就已经是思源的老师了，艰苦的办学条件下，第一要素就是安全和稳定，从而也导致了思源最开始的学生，也就是现在六年级的学生学习能力和成绩差距很大。在思源落成后，史校长大力推进学科教研活动，但是由于地域差异、民族差异、语言差异，始终成效不大（史校长是汉族人，学校教师中汉族的老师只有十多位，其他全都是彝族人），说到这里史校长也有些焦虑。我们一直聊了很久，我也发现，思源实验学校由于建校时间较短，学校内部的制度、工作方法、团队建设都处于起步阶段，虽然经过支教团队一个学期的帮扶，也制定了各项管理制度，但实际开展起来，还是因为观念和习惯的问题存在一定困难，我们任重而道远啊！后来，我和王英老师交流安排了公众号团队二次培训的事情。王英老师很有气质，温婉端庄，做事情安排得井井有条，我很喜欢和她交流，也很有幸和她一起负责公众号团队的建设，相信即便我以后支教结束返芜，公众号团队在她的带领下一定可以正常运转。而我现在要做的就是把这支队伍建立起来，也相信思源实验学校的老师一定能行。

下午，马校长还请我到办公室帮他编写了校本课程参评比赛的推荐简介。看来马校长又把我当成写手了。想一想，我的文字水平，还要再迅速提升才是。

晚上的训练从满心期待到忧虑，最终还是在失望中结束，不是对老师和孩子，而是天气。能不能不要一整天晴天到训练就下雨啊！这是第二次了，没办法，临时通知梯队停训，校队在风雨操场继续训练。今天是我和杨文杰老师第一次组成团队训练，他今天刚刚康复出院就到学校上班了，精神可嘉！杨老师穿得很正式，不过这么冷的天气你穿短裤，是真的不怕冷啊……

训练开始前，我和杨老师交流了他生病期间我对足球队梯队建设的安排。训练中我深深地被孩子们的努力和拼搏吸引，假以时日，水平一定会有更高的提升！

2020年6月4日　周四　晴转雨

新的一天从闹铃声开始，但是真的起不来啊！一直在床上磨蹭到七点半，赶紧起床洗漱，给自己泡了碗面，也趁着这个时间赶紧完成健康每日打卡。可谁曾想，一个卡顿，完了，一个错误的操作，直接把自己打成了红码。昨天晚上学习强国没做完，今天早上打错码，我这是怎么了，是太累了，还是过于放松了自己，要检讨。

因为近期支教队安排了外出的活动，所以我一上午我就不停地打电话解决红码的问题。最后还是麻烦了芜湖市师范学校附属小学的黄晨姐姐，因为不仅要手写申请表还要送到红梅社区去盖章，确实很麻烦，回去一定要向她道谢。

接着，我赶紧开始准备中午一点的宣传工作二次培训。在上次培训中我布置了撰写新闻稿的任务，今天到了反馈和实践的环节。老师们上交的新闻稿件都是以后公众号的宣传素材，今天的活动很重要。不过我也是刚刚才接到了开会通知，得赶紧准备。

中午一点，会议开始，我特意邀请了马校长一起参加。活动中我针对老师们稿件的标题、导语、主题和结语部分出现的问题进行解析和点评，积极开展互动，并指导他们修改。老师们积极性很高，培训活动的氛围和效果都非常好。最后，马校长针对文稿中的细节进行点评，活动圆满完成。会后我与马校长交流，后期的活动就应该让负责的行政部门和公众号团队的文案团队一起进行新闻的撰写和图片的收集了，培训最终的结果还是要体现在学校的宣传成效上。

下午撰写足球队的训练教案，不过今天我又是单打独斗了，杨老师请假去医院办理相关手续。我希望今天能够天气晴好，我们可以在操场上进行训练。不过……但是……六点的时候雨下得更大了，还电闪雷鸣，着急也没用了，你下你的，我练我的吧。一阵狂风吹过，我站在风雨操场的中间也被吹了满身雨水。瓢泼的大雨丝毫没有减弱老师和孩子们训练的热情。在今天的训练活动中，孩子们再一次向我展示了他们强壮的身体，身体素质练习的强度预估明显做低了，我又及时进行了调整。如果芜湖市师范学校附属小学的孩子们有这样的身体素质，我能带

▲
▲ ▲
▲

队打10个（此处有点夸张）！马校长路过风雨操场时看见了我们在训练就再没离开了，面带笑容地拍这拍那，还拍了视频发到学校教师群里，希望能把我拍得帅气点。

训练结束，虽然阿的和伍来老师还在打篮球，但是我是真的打不动了，要回宿舍休息了，一个多小时的训练还是有点累。明天是周五了，没有训练，愉快的周末又要来了！

2020年6月11日　周四　晴

又是一个晴空万里，艳阳高照的一天。蓝蓝的天空，校园鸟语花香，书声琅琅，真好啊！上午来到办公室，突然觉得好像没有什么事情了。前段时间不停地做培训、写方案和计划，现在工作落实得差不多了，就显得比较轻松了。

上午十点，思源实验学校进行防灾疏散演练，我也参与了其中。从老师和孩子们熟练的疏散过程中可以看得出，学校对于疏散演练还是非常重视的。

今天是周四了，也是校足球队本周的最后一次训练。孩子们这两周的训练效果还是很喜人的，身体素质好，执行力强，足球基本技能学习得很快，虽然还不能满足正式足球比赛的需要，但是我相信再过一到两周，孩子们肯定还会有质的变化。马校长今天也在场地边看我们训练，其间还上来露了两手，不过训练结束的时候，马校长说自己的脚趾踢得有点疼。看样子，秀一下也是有代价的。

今天的训练因为七点二十分有防火疏散演练，所以七点钟在团队的技战术方面我就开始让学生进行小范围的对抗比赛了。所有学习的技能都应该在实战中运用起来，这是我足球训练中总结出的道理和一直坚持的训练方向。通过短时间的比赛，我发现学生比想象中得要好很多，虽然还是很混乱，但是可以看得出，学生已经有点模样了。下周是最重要的一周，应该要扩大战术训练时间了，毕竟7月份的比赛快要到了！

晚上洗了澡，难得看到了美丽晚霞，真漂亮啊！夕阳西下，预示着忙碌的一天又结束了。和爱人倩倩聊了半天，又和赵校长研究了近期工作，时间已经不早了。今天还得到一个消息，本次支教工作结束，我们将要去广西桂林进行研修总结活动，还真的不错呢！但是由于时间上有冲突，所以有一个11天的真空期，可以在附近走走，但我更想回家，看看老婆孩子，毕竟离家一个多月了，家还是最温馨的地方！到时再和赵校长、施俊一起去桂林的路上结伴吧！

2020年6月16日　周二　晴

昨天确实忙得太累，晚上睡得比较迟，但是今天也不能赖床啊，强迫着自己按时按点来到办公室，抓紧时间忙起今天手头的工作。今天早晨支教基地群里李小斌校长给我安排了撰写今天的支教日记工作呢，要努力，要加油，我——可以的！

上午十点，郝小雨老师的数学组教研终于如期开始了，赵校长和马校长也参与了此次教研活动。活动通过观看教学视频，老师们根据自身情况积极参与，讨论热烈，效果非常好。教研活动从十点半一直到十二点，老师们收获满满。

中午是我们公众号团队思源老师的实践第一课。在小郭老师的指导下，张涛老师运用135编辑器越来越熟练。终于历经两个半小时的时间，第一篇由思源老师团队完成的公众号素材圆满完成，我十分开心，大家的努力终于有了回报，相信思源公众号会越办越好！

很快就到了我和史校长约好的给六年级1班进行毕业照排队形的时间，我拿着电话急匆匆地赶到风雨操场。一番调整，我还是很自豪自己的体育基本功和素质的，半个小时就整好了队形。晚上七点半还要给剩下的5个班级整队，我一定可以做好！

时间总是在工作的时候飞快地溜走，又到了晚上训练的时候了。今天我安排了海来木呷老师进行训练。现在的我除了周一的时候进行训练示范之外，逐渐开始将训练执教工作转交给杨文杰和海来木呷两位教师。因为再过两周多，我将离开思源回到芜湖，对于校队训练，两位老师都非常认真，我希望在我走之前能给他们更多的指导，让他们多尝试，敢尝试，以后的思源足球社团还是要靠他们来带领的。训练中，我会及时和海来老师沟通，帮助他完善自己的训练方式，提高学生学习能力和运用能力。

训练结束，我又转回了风雨操场，5个班的孩子看上去乌压压的一片，但这对于我，那就不是事儿。一番指挥，5个班级终于在八点二十分全部安排好。马校长在一边看着我，赞赏地点点头，我报以微笑，说："这就是我来的意义。"

晚上在操场上散散步，看着星空，放空脑子，好舒服，好惬意。凉山支教之行，让我的心境好像又提升了些，以前没有什么时间能真正静下来，让我们好好想一想、理一理。

回到宿舍，支教队的老师和欧阳局长，还有赵校长都给我今天的支教日记点赞，很开心。引用日记里的一句话：平淡是人生的常态。人，能走多远，不是取决于肢体，而是取决于信念。人生多艰，但是只要坚定自己的信念，不轻易认输，敢于面对，成功迟早会笑脸相迎。支教时间已然无几，继续努力吧。

2020年6月18日　周四　晴

近来天气一直很凉爽，今天也是一样！早上美美地吃了一顿早餐，一天的工作又开始了！

为了保证下周三三校少先队活动课"云教研"活动能顺利进行，我一早就来到会议室进行设备的调试。拿出摄像头，连上笔记本，感觉就像是在自己学校一样，轻车熟路。调试的过程非常顺利，根据当时会场所需要的画面角度，我做了一些细微的调整，一切准备就绪，等着下午的连线测试了。不得不说，思源实验学校的硬件条件是非常优越的，但是老师们使用得非常少，而且在操作方法上不够熟练，导致使用效果不好，教师就更不愿意用了。这就出现了恶性循环，还是希望马校长能抽时间，安排这些信息技术的老师进行培训，提升整体教师信息技术使用能力。赵校长说，下一届科研节，这个问题要重点解决。

中午美美地吃了一顿丰富的午餐，午休后，下午两点半，线上测试开始了。调试的时候马校长过来看看情况，我也和附小王飞主任沟通了一下，让马校长现场连线，看了一下效果，希望通过这样的方式让马校长对学校硬件使用和信息技术在日常交流、管理中的作用有更好的了解，增加他的重视程度。

今天是周四，下午是最后一次训练，今天是杨文杰老师进行实训，我和海来老师做辅助。考虑到队伍的基本建设已经完成，为了让校队的成员有更好的定位，今天我主动和海来老师进行沟通，选了两名学生进行守门员的选拔和试训。马校长在一旁看得津津有味，时不时还上来踢两脚，帮助学生进行训练。可以看得出来，马校长对这支正在成长中的校足球队还是打心底里喜欢的。继续加油，老师和孩子们！不远的将来，你们将驰骋在绿茵场上，绽放属于你们的光彩！

晚上七点半，是少先队活动课"云教研"活动，思源实验学校的辅导员团队才艺展示录制视频的时间。我提前和马校长打了招呼，邀请他来做指导，因为录制的视频是学校文化积淀的一部分，以后在很多的地方都是可以使用的。灯光、音响、位置、顺序、说课稿……我一件一件地和老师们沟通和商量。走位、彩排一切准备妥当的时候，意外还是发生了！原本一切正常的炫彩灯光突然哑火了。哎，真是计划赶不上变化，试了最好的效果，谁还能接受退而求其次的呢！只能等啊，为了让老师们能够更顺利地完成录制，达到最好的效果，我不停地和老师沟通时间、位置、动作表现力和语言表现。

40多分钟后，漂亮的舞台灯光又重新亮了起来。抓紧时间，开拍。好在大家都已经排练得非常熟练了，九点半终于全部都结束了！沙鸿老师和黑日伍支老师跳的舞蹈非常精彩。思源的老师们真是多才多艺，非常有艺术表现力，这也许就是彝族少数民族特有的基因吧。思源的老师们如果接受了任务都会全力以赴地完成，你看张小燕老师今天穿戴彝族民族服装就花了一个小时的时间，头饰非常大而且有点重，张老师一点怨言都没有，真的非常感谢思源的马校长、行政团队和老师们对我这个支教老师的包容和全方位的支持。

2020年6月22日　周一　晴

又是新的一周，每到周一总是会感觉特别忙。洗漱完毕，早早地来到操场参加升旗仪式。

另外，今天上午还有一件大事，就是为思源实验学校首届毕业生拍摄毕业照。一大早马校长就拉我在校园里找合适的拍摄地点。最后，我们确定了在学校正门门口拍摄。由于校门口道路建设，我们对拍摄器材做了很多的尝试，最后实在没有办法，只能用手机。

六个班级，学生精神抖擞，教师容光焕发，穿着整齐的服装，毕业照的拍摄历经一个半小时圆满结束。作为一个见证思源实验学校第一届毕业班的我来说，非常开心。在这具有特殊纪念意义的相片里，也有我的努力。

拍照结束，紧跟着十点就是行政会。由于上级领导即将到校检查控辍保学的工作，所以行政会只是简单地对近期工作、放假安排等工作进行布置和安排，大家分头去落实了，上午的工作匆匆告一段落。

中午一点，公众号团队的老师们举行最后一次总结会，也是公众号上线的启动仪式。会上，我对所有公众号团队老师们的努力和配合表示感谢，并就公众号各个组老师的工作细节进行了强调。

思源实验学校是一所刚刚成立两年的学校，老师们都很年轻。由于团队建设仍在努力，在我到学校之前，学校没有任何一个对外宣传的平台。所以，我确定了支教工作管理方面的重点任务，即公众号的团队建

的
领
航
教
育
之
旅
——

从
伏
尔
加
河
到
大
凉
山

▼
▼
▼

120

设和日常管理。通过一个月的组建、培训、磨炼到今天的正式上线，老师们给我了很多的支持，也表现出了思源老师团队的良好素质。

下午四点多开始下雨，到了训练的时间雨停了，我们才得以在操场上进行第二阶段的训练——比赛。基础技术技能训练结束后，第一次正式比赛，学生还是显得比较拘束。我可不会因为他们的懵懂而慈悲。孩子们在强压之下，还是表现出了良好的学习能力。在海来和文杰老师的指导下，半个多小时的比赛演练开始变得有模有样，学生逐渐展现出了良好的比赛精神。虽然在沟通、观察以及细节处理上还是存在很多问题，但是作为一个仅仅训练了一个月、实际训练时间不到20个小时的孩子们来说，能有这样的效果，我是不是应该偷着乐了！真期待看到你们参加比赛的样子啊！少年们，努力，加油，奖杯等着你们！

2020年7月2日　恋恋不舍

支教的时间余额不足，归期将至，却显得格外五味杂陈。难舍思源、难忘回忆、难受分离——对喜德、对学校、对共同战斗过的同仁、对支教队老师们！

7月，总是有着那么多的离别，毕业的孩子们收拾行装离开熟悉的校园；共同奋斗的同行将各自返程回到自己的故乡；一起努力、奋斗、拼搏的战友们也将踏上归途。我从故乡来，近乡情更怯。带回去很多难忘的回忆，永远珍藏在心里。

别了，凉山；别了，思源；别了，这些日子为之拼搏、奋斗的地方！

7月1日夜，为了工作总结，挑灯夜战；7月2日晨，为了精彩的瞬间，奋斗不止。2日下午的总结会，我们三位老师的汇报成为全场最亮的风景。

天下没有不散的宴席，即便情难舍、意难分，生活就是如此。回到家乡一切如旧，平淡的生活里激起澎湃的浪花也将静静平息。情谊不断总难舍，自此一别愿君安，以后的活动中我们再相逢，珍重！

马行千里，积跬步方至远途；海纳百川，汇涓流而成无涯。虽然思源小小足球队的成长道路上依然会有很多坎坷，支教队汪勇老师带领着思源足球社团、教练团队的老师们从未停下前行的脚步，即使支教结束了，也一直没有停止对足球队的指导，通过视频、资料、微课等多种方式关心、帮助足球队的成长。2021年，思源实验学校小小足球队现场与央视明星足球队对垒；在凉山州第38届中小学运动会校园足球联赛中荣获U10和U11组的冠军。

情系凉山，爱在思源

一年半的时间里，支教队七位教师赵玲、刘施俊、汪勇、牛慧洁、王安平、汪小宾、李伟在思源实验学校担任了数学、道德与法治、信息技术、体育等学科教学工作，成立足球、机器人、美术、合唱、民族乐器、舞蹈等学生社团6个，社团获得凉山州以及四川省多项奖项，合唱团还登上了央视舞台。支教期间，成功开展了两届科研节、开设"思源讲堂"14场、开展皖、川、藏三地16校少先队活动课"云教研"、线下示范课数十节、线上示范课11节、校外培训2次、线上培训3次、听课近百节次。工作室成员学校学生共捐赠图书近两万册，联合芜湖企业单位捐赠困难学生四季校服80套，书包、文具各400套。进行"圆梦一对一爱心助学"活动，帮扶18名学生直到大学毕业，计50多万元……

回顾难忘的支教经历，大家纷纷发言，抒发与凉山不舍的情缘。汪勇老师说：

即将走进坐落于群山环抱里的美丽的喜德县思源实验学校，我的心中满满的期待。虽说来之前了解到这里是全国未曾脱贫的七个贫困县之一，但走进这里，我依然被这美丽的风光和热情好客的彝族同胞们深深地吸引。走出机场，等待已久的阿果老师载着我"欣赏"了一个半小时的喜德"夜景"，看到那已经收拾得井井有条的房间，心里暖暖的……这就是我接下来几个月时间里的第二个家。第二天，思源实验学校的马海克启校长就送给我一份礼物，印有思源实验学校校徽的蓝色T恤，满满的归属感和认同感，远赴他乡，得此盛情，倍感温暖。

在我到达喜德县的第三天，教育部黄贵珍秘书长、郭垒主任，凉山州教体局马泽郎书记和广西师范大学教育学部叶蓓蓓副部长走进思源，黄秘书长的那句"因为有我们！"郭主任说"期待你们建功立业，期待你们凯旋！"一直激励着我。

我是第二批支教队员，第一次走进思源，就仔细观察和了解着这所美丽的学校。美丽的校舍、明亮的教室、宽广的运动场，我们看到的是党和政府对教育事业的大力投入，同时作为支教队员的我们也感受到肩上的压力。

为了更好地了解学校的教育现状，做好把脉问诊，因地制宜地制订教育帮扶工作计划，我深入课堂，工作第一周，无论是文化课还是技能课，不管是高年级还是低年级，我都听了个遍，并在课后与授课教师进行了一对一的教研交流。

为了能够更好地把握思源老师们的成长需要，助力教育科研的发展，支教队老师们组织开展座谈，参与教研活动。

在马海克启校长的指导和帮助下，挂职为学校副校长的我为自己确立了工作目标：第一，提升学校宣传工作水平，增强宣传工作力度，做好学校对外宣传阵地建设；第二，立足本职，组建校园足球社团，打造品牌化社团；第三，积极开发校园足球校本课程，提升学校体育教科研水平。努力地认识、努力地思考、努力地规划，思源支教人向着目标努力前行！

喜德县思源实验学校自2018年9月建校以来平均每周都有一次州级以上的考察、资助、接待或学生大型活动。其中，国家级活动是不胜枚举，甚至国际妇女儿童基金会也定期到思源开展师生互助活动。

但就是这样一个活动精彩纷呈的校园，我在新闻媒体和网络信息中看到的信息依然凤毛麟角，屈指可数。信息化时代的发展，宣传是学校发展的窗口阵地，我看在眼里，急在心中，如果不是参与支教活动，谁曾想在这茫茫大山里还有这样一所美丽的小学校园。

为提升学校宣传工作水平，增强宣传工作力度，我白天与学校老师交流讨论，搜集素材信息，晚上就在宿舍里整理材料，拟订工作计划。在马海克启校长的支持和帮助下，我拟订的"序庠宣特色，坛声传十里"的宣传工作系列培训活动正式启动。培训计划中，我向马海克启校长提议以学校公众号为宣传载体，搭建学校宣传工作平台，组建公众号团队，其中包括文案、技术和摄影摄像各个方面。

万事开头难，学校师资紧张，教师平均年龄仅30岁，许多教师都没有写作经验，新闻撰稿基础薄弱；技术水平不够，公众号平台的排版、设计、美工人员匮乏；摄影、摄像素材收集意识不强，宣传方式单一，不够新颖。

毛主席曾在《重上井冈山》中写道：世上无难事，只要肯登攀。文案不行，我们就自己培养。在思源实验学校教科室主任王英老师的帮助下，学校挑选有潜力的教师组建公众号文案团队。5月29日、6月4日、6月8日我先后三次开展撰稿培训活动。我将新闻稿件撰写、格式、注意事项等内容搜集整理成册，发放给老师们学习。通过一次次地撰写练笔和修订演示，老师们的水平有了很大提高；技术不行，我们就边学边做，通过网络渠道学习、搜罗各类模板、平台资源和演示实例，我牵着老师们蹚石头过河，摸索出一条简单实用的操作方法；素材收集难，我就动员全校的老师一起学习摄影，培养素材收集意识。6月9日的全体教师新闻摄影工作培训中，我与老师们现场进行互动，现拍、现说、现评……培训活动中，老师们的笑声、掌声是对我最大的肯定和支持。活动后，许多老师加我微信，我都一一通过，提出的问题我也仔细认真地一条一条回复……

成功的道路上没有一蹴而就，只有厚积薄发。只要我们一直在进步，哪怕只有一点点，我们离成功的顶峰也会越来越近。我用这句话鼓励着团队里的每一位教师，也是在鞭策着我带领着老师们再多迈一步、

▲
▲
▲

再多迈一步……

功夫不负有心人。在全体老师的努力下，6月22日学校公众号正式上线，首篇《学校简介》正式发布，这是喜德县思源实验学校首个对外宣传平台。截至目前，公众号平台登载新闻13篇。

年轻的思源老师们斗志昂扬，敢于开拓创新，希望他们积跬步以至千里，集小流以成江海。与此同时，我也希望能够为思源的孩子们做点什么。

初入思源，在参观校园中，映入眼帘的标准化人工草坪足球场、琳琅满目的体育训练器材室，让我这个体育老师由衷地感到国家对西部教育扶贫所做出的巨大努力和殷切的希望。

赵玲校长指导我：你作为一名体育老师、足球教练，此次赴喜德县思源实验学校支教，其中一项重要任务就是一定要帮助他们组建起学校足球社团，在大山里成立学校的足球梯队，让思源实验学校的孩子们喜欢足球，会玩足球，踢好足球。

带着这份期许和满腔的热情，支教工作开展的第一天我就找到了马海克启校长，与他谈起了学校体育社团活动的情况。思源实验学校学生较多，四至六年级学生基本上都是住校生，学校一直在谋划建设体育社团，但是由于师资短缺，又缺少系统的管理方法和教学资源，建团一直都仅仅停留在谋划当中。我仔细研究了思源实验学校的实际情况，对收集的材料进行梳理，结合我自己的足球体育特长，针对学校的足球体育社团建设工作做了一个初步的规划。我主动请缨，希望能够组建学校的足球体育社团。马校长非常欢迎并表示一定会大力支持。

由于思源实验学校的孩子们从未接触过足球，基础非常薄弱，再加上地域文化和语言沟通的差异，足球社团的组建依然存在许多问题。我主动找到思源实验学校体育组的其他几位老师就学校足球社团的组建工作和他们进行了商议。我根据学校的特殊情况和学生的年龄特点最终确立了首批足球社团的工作方案和训练计划。

我的领航教育之旅——从伏尔加河到大凉山

经过一周时间的努力，思源实验学校第一支足球社团正式组建完成，社团分为校足球队、两支足球预备队和一支女子足球队，共计120余人。

社团组建初见雏形，教练团队的培养也在紧锣密鼓地进行。思源实验学校的体育老师没有经过专业的足球训练培训，都是凭着自己的经验蜻蜓点水般地进行教学。为了保证训练质量，提升思源教练团队的整体教学水平，正式训练前，我特意进行了一次足球训练示范课的展示，并在课后与体育组教练老师们进行了评议课，助力提升社团训练水平。

事无巨细，亲力亲为，社团正式训练前，我多次与团队老师进行教研交流活动，对社团训练时间安排、训练日志的编写、训练方法的教学以及训练器械的使用等方面，我都针对性地进行了培训和安排。

6月2日，足球社团的训练正式开始。白天，我走入课堂听评体育老师的授课；放学后，我就来到操场开展足球训练活动，无论刮风下雨还是烈日炎炎，直到学期结束，足球社团没有停训过一次。训前交流、训后总结反思，我一直在用实际行动践行着我的承诺。

每次训练，孩子们天真烂漫的笑脸总能消除我一天的劳累和困乏。大凉山的天时晴时雨，记得有一次训练时，原本晴朗的天空突然雨云密布。眼看着暴雨将至，当我正准备宣布训练提前结束的时候，孩子们一个个围过来，"声色俱厉"地告诉我："老师，换地方吧，要下雨了。不过训练还没结束，你不能走！你不许偷懒！我们还没踢够呢！"我还没说话，孩子们有的推球筐，有的拾起布置的标志碟，动作麻利地向风雨球场走去，不一会儿人就"走"光了。看着这群可爱天真的孩子，生如此，师何求？

2020年9月，央视《大手牵小手》活动聚焦四川凉山喜德。9月6日晚，思源实验学校马校长激动地给我打电话，说思源的娃娃们要与央视主持人队伍踢足球比赛啦！听到这个消息，我比自己上场还开心。第二天，远在喜德支教的赵玲校长还让我与思源的小队员们进行了视频通话。看着略显紧张的孩子们，我告诉他们："一场足球赛，胜负并不重要，重要的是你们在场上的努力和拼搏。这是一次直播的比赛，是一次千载难逢展示自己的机会，让所有人都看看我们凉山雏鹰的风采！加油！"喜德雏鹰，振翅飞翔，继续努力吧，少年！

授人以鱼，不如授人以渔。为了让思源实验学校的足球社团工作能够在实践中积累经验，厚积薄发，我与足球社团的老师们分享了自己积累的教学设计和经验文稿。另外，我还收集了大量的训练资料进行分类整理和补充，在学期结束前，我编撰的足球校本课程完稿。35000字的文稿包含3个大项，12个小项，涵盖了个人技术和团队配合的教学内容、训练方法以及训练注意事项等。希望以此推动思源实验学校足球社团工作再上台阶。

支教活动终有尽头，时短情长……课堂里听课的身影、讲台上辛勤的汗水、操场上嘹亮的哨声、活动室里的谆谆教诲、乡间小路上走访的足迹、宿舍灯光里的努力和坚持。这里有我的故事，这里有我的热爱。青春何处风光好？唯有奋斗最动人！不忘初心，不负韶华，我在奋斗的路上永不停步！

牛慧洁是芜湖市师范学校附属小学的副校长，也一直在教学一线担任工作任务，她的发言朴素而又打动人心：

岁月不居，时节如流。2020年是不平凡的一年。对工作三十年的我来说，这一年来到四川省凉山彝族自治州喜德县参加教育帮扶工作不仅很有意义而且让我永生难忘。虽然只有短短一个学期，但精彩而平凡的支教工作，在我的职业生涯里留下了不平凡的一笔。回顾短暂的支教生活，各个片段历历在目，感慨万千。

刚来思源实验学校，在得知教师急缺的情况下，我主动向校长请缨：我是一线教师，可以安排我带班上课。经过学校讨论安排，我担任了307班数学教学任务，和语文老师包班教学。开学初，招考教师没到位，我还担任了两个班的数学教学任务。虽然每天课多，基本都在班上，中午也得不到休息，但是看到思源老师的辛苦，我从不懈怠，上课、备课、批改作业、课后辅导……。除了正常的教学工作，我还和学生一起参加升旗、大课间活动，中午组织学生就餐，晚上查寝，了解学生住宿情况，带领学生参加足球比赛、上山录制节目等。

在和学校领导交流过程中，得知高年级学生数学成绩不理想，我就从五年级课堂教学入手，走进五年级数学课堂，课后与老师交流沟通、把脉问诊。除此之外，我还结对了一位年轻教师做徒弟，指导他在科研节上上公开示范课。同时我还对思源老师们开放课堂，随时欢迎大家进入307班听课。

支教时间虽然短暂，但我们总想着为学校多做一点，再多做一点。学校在开展教育科研活动时，我通过观察和思考，针对思源实验学校的实际，有机整合了芜湖市师范学校附属小学的教科研活动各类管理流程和表格，带领大家深入开展教科研活动、规范教学管理。

如果说，当初还只是对支教生活的憧憬，而在结束时，我已经有了更多的感受。相信在我以后的人生道路中，都会永远铭记这次难忘的支教经历，人生几何，岁月匆匆，就像刘霞老师说的，感恩遇见、感谢大家！

王安平校长娓娓道来：

2020年，我作为教育部领航名校长赵玲工作室的成员，跨越千里赴凉山支教。一路行程，我们见证了五彩凉山，大美如画。在群山环抱的秀美风光里，坐落着一所现代化美丽的校园——喜德县思源实验学校。我们看到的是干净整洁的校园、幽雅舒适的环境、宽敞明亮的教室、敬业爱岗的教师、淳朴知礼的学生。一个学期以来，我经历着与以往完全不同的工作与生活，我被这里的美感染着，被孩子们的纯真和思源教育人的执着感动着，同时也被我们工作室成员的支教行动激励着。

在前两期支教队员的共同努力下，在赵玲校长的引领下，经过一系列改革和创新，思源实验学校日益凸显校园文化特色，日臻完善学校硬

▲▲
▲▲▲
▲▲

件设备，逐步形成特色办学理念。我作为第三期支教队员，应该是思源实验学校生源扩招、教师紧缺的最严重时期。甚至出现1个教师包1个班教学的情形，从早上晨读到课间午操和中午、晚上就餐，再到晚餐后晚自习，教师处于全天超负荷的状态下工作。经过与上级多次沟通，从当地各教学点选拔了富余的优秀教师，彻底解决学校的困境。喜德县是国家级贫困县，为了摆脱贫困生活，很多父母将孩子留给老人，外出打工，留守儿童生活孤独，缺乏心理的抚慰，再加上隔代教育的规则缺失，家校沟通的不足，为他们的成长带来坎坷。为此，针对自己所在学校心理健康教育特色与思源实验学校结对指导，帮助思源心理健康教育起步。同时，为培养学生知书达理的习惯，让每个同学要善读书，多读书，读好书，结合思源实验学校实际讨论撰写师生阅读活动方案。支教期间，我还参与了央视媒体采访学校合唱社团的拍摄活动，大山中，一群孩子穿着美丽的民族服装，眼神坚定地唱着歌谣。这是孩子们与大山外的一次亲密接触，也是对喜德县一次很好的代言。

在支教队带领下，学校开展规范的教科研活动，逐步创新教育教学工作，助推教育资源地域的均衡化。虽说地处山区，但教师们大多年轻，都渴望学习，渴望进步。我们在研讨中欣喜地发现，教师们积极主动参与活动，提出改进课堂教学的建议，思维的碰撞让老师们豁然开朗，很多老师听到关键处纷纷拿起手机拍照，把课件上的内容保留到手机里以便日后学习。教研氛围已然形成，这小小的星星之火，将是我们离开后，带不走的骨干力量，他们每位教师的眼睛都会照亮一群孩子的心灵。

支教期间，我陆续走访慰问了民族小学、喜德中学、思源实验学校的一些贫困学生家庭，她们有的是被领养，有的是父亲或母亲去世，由爷爷奶奶抚养，有的是家人身患重病，孩子早早承担起家庭的生活重担。走访的孩子虽说家境贫寒，但都学习刻苦，成绩优异，无一例外的都在家认真写作业，他们立志学习、改变命运的劲头鼓舞着我们走访的老师。关注弱势群体，为孩子们献出爱心。很多时候，并不能给他们真正实质上的帮助，但是我相信我们的促膝谈心、精神鼓励将给他们播下希望的种子，插上梦想的翅膀，让他们阳光健康地成长。聚爱成海，彩绘未来，教育人的生命因为支教而更加丰富和精彩，这将是我今后工作中不竭的动力。

汪小宾校长谈起支教的感触，提到了三个关键词"念、思、望"：

喜德县思源实验学校是一座年轻有活力的学校，在不断地进步和成长，每个人都有着奋发向上的精神。初来也曾有过生活上的不适应，在学校领导和同事们的关怀下，我逐渐对这片土地产生了认同感。在融入校园生活的过程中，开展六年级数学的培优教学，激发学生对数学的兴趣和探索精神，是我自身专业素养的最佳运用；参与学校相关活动，担任歌咏比赛的评委，开展教学讲座，是我自身能力的最大发挥。

思源的老师们充满了奋斗的青春活力，但由于实际情况，学校的教师资源仍有所短缺，存在部分科目没能配备专业老师的问题。在来到思源后，我认真地听取了入岗新教师的公开课，为学校第二届科研节做好准备；对全校数学老师进行了摸底测试，选出12名教师进行数学培优方面的训练，并走上"思源讲堂"，举办了数学四大模块的知识讲座；对教师进行了一次《道德与法治》课的课标讲解与培训，使老师们对《道德与法治》课有了初步的认识；带领学校15名教师参加"2020年第11期长三角名校长高研班芜湖市师范学校附属小学基地实训"，参训教师均表示受益良多。为了给学生创造更好的学习环境，我代表教育部领航名校长赵玲工作室进行爱心捐赠，看着孩子们拿到新衣服、各种课外书时展露的笑脸，大家的努力多么有价值啊！在周末，我和同事们一起前往学生家中家访，叮嘱孩子的家人要重视对孩子的教育。经过对学生家庭情况的进一步了解，我萌生了对学生进行爱心帮扶的想法。我多次联系芜湖市的爱心人士，对18名学生进行一对一的爱心帮扶，直至帮扶对象大学毕业为止，帮扶金额共计56万余元。

满山的花儿在等待

支教帮扶工作是阶段性的，但我们的友谊是长久的。我们会一如既往地关注喜德县思源实验学校的发展，为学校发展尽我们的绵薄之力。在支教生活结束之际，我代表梅莲路小学与思源实验学校签订了未来五年合作结对共建协议。

回顾一路走来的支教工作，得到了学生的喜爱，也得到了同事以及学校领导的肯定，为此我感到十分荣幸。相信在我们共同持续的努力下，思源实验学校在未来一定会有更大的进步。

李伟校长和大家做了分享：

作为教育部领航名校长赵玲工作室的成员，当得知有机会去四川大凉山进行教育扶贫，我立刻向赵玲校长报名了。作为教育人，我曾经去过香港支教，领略到发达地区的教育教学情况，而这一次我非常想去大山里的学校，发挥自己业务上的专长。随着时间的临近，我越来越激动，为了青春里满腔搏动的热血，毅然踏出追梦的步伐。

在这里工作一个学期，和老师同学们吃在一起，住在一起，工作在一起，我慢慢融入了这个群体中，成了思源实验学校的一分子，成了一名真正的喜德人。

一个学期以来，我们上课、听评课、专题讲座、开办师生数学思维训练班，参加办学评估检查、学前儿童普通话测试，开发特色课程，成立学生社团，开展地震演练、爱心捐赠，指导凉山州脱贫攻坚阅读主题演讲比赛以及各类学生活动等，成果丰硕，忙碌着并快乐着。

通过这短暂而宝贵的支教经历，我们芜湖市大官山小学和思源实验实验学校在学校管理、教师发展等多方面有了很多合作，为了让友谊之花开得更长久，我们进行了结对共建签约，希望在未来的教育之路上我们互相扶持，共同发展，办出人民满意的学校，给国家交出一份满意的答卷！

感恩遇见

（一）

2021年元月，为期一年半的帮扶支教工作即将结束。在送别支教队的会议上，不苟言笑的马海克启校长眼圈红了又红，思源实验学校的老师们哽咽落泪，依依不舍。

马海克启校长说："千里帮扶谱新篇，感恩铭记帮扶情。"

教育兴则国兴，教育强则国强。千年梦想，百年奋斗，今朝圆梦！借着全国脱贫攻坚战的春风，喜德县思源实验学校迎来了新的发展契机。2019年9月至2021年1月，教育部领航名校长赵玲工作室共选派了7名优秀的领航校长和骨干教师赴凉山州喜德县思源实验学校开展教育帮扶活动，这对我校来说是一项高效性的战略举措，无论是学校领导班子建设、教师帮扶，还是管理合作、教研教改、资源利用等方面都给予了我校很大的帮助。

各位领航校长和骨干老师为了凉山教育的发展"舍小家为大家"，不远千里来到凉山喜德，他们热情、积极、主动地融入喜德县思源实验学校这个新集体中，了解学校的所急所需，根据我校实际情况，献计献策，发挥所长，尽力帮助学校发展。秋去春来，思源实验学校乘着"春风"茁壮成长。在这成长路上，无论在教学楼中、实验室里、图书馆里，还是在学生宿舍、运动场上总能看见那一个个忙碌而认真的身影——那就是我们可亲可敬的领航校长、老师们！

新学期伊始，学校因老师缺口较大使得教学工作陷入困境，个别班级无法正常行课。各位领航校长在了解到我校急缺老师的情况后，不顾舟车劳顿，到校后主动请缨，第二天便走进教室，担任起各班的教学工作，解决了学校的燃眉之急。他们那饱满的工作热情，严谨的教学态度，爱生如子的情怀无不令人赞叹，同时也深深感染着学校里的每一位师生。

各位领航校长在教学的同时，认真对我校的教育教学水平做出研判，重点关注高年级的数学教学，有针对性地跟踪听评了五、六年级数学老师的课，并做出诊断，找出高年级数学成绩下降的症结。为此，安徽芜湖的李伟和汪小宾两位校长在六年级成立了数学思维培训班，利用休息时间每周给学生进行两次培优训练，拓展学生思维。数学组老师也可以随时参与听课、探讨，在两位老师一学期的坚持与辛苦付出下，孩子们的解题思路变得活跃了，正确率大大提高了，学习成绩也在不断进步。

领航校长们个个为人友善，按我校教师之需，大方接受老师的选课，上公开示范课，无私传授先进的教学理念。2019年10月和2020年10月在我校先后成功举办了两次全县型的科研节活动。各位领航校长从指导撰写方案、流程策划、合理安排接收捐赠的书籍物品等方面都做了精心的筹备，为了使网络连接、音响设备达到最佳效果，已记不清做了多少次的调试，正是在他们精益求精的工作态度下，让两届科研节得以圆满开展。为我县各校之间互相学习，共同提高，搭建了一个良好的平台。

大凉山的彝族孩子们天生热爱运动，汪勇老师为了充分发挥孩子们的潜能，在思源组建了足球社团，并利用课余时间教孩子们踢足球。每天晚饭后，总能在夕阳下见着在绿茵足球场上奔跑的身影，那射门后的欢呼声响彻整个校园。足球社团的开展极大地丰富了孩子们的课余生活，并在凉山州第38届中小学生运动会校园足球联赛中荣获U10、U11组的冠军。

除了教学，几位领航校长还积极主动地帮助学校迎接喜德县办学评估检查，从细则解读、任务分解、目录制作、材料把关、呈现形式、汇报PPT等各个方面进行指导，最终我校在年度考核中的综合考评和寄宿制管理考评双双连续两年获得全县第一的好成绩。

俗话说："授人以鱼，不如授人以渔。"为能从根本上起到帮扶的作用，为思源孩子们提供更好的学习资源，一股股来自安徽芜湖的暖流不断涌入思源，温暖着思源的每一位师生。他们不仅传、帮、带我校的学校管理、党建工作、教育科研、德育工作等方方面面，他们为了打开我校教师的眼界，还邀请15人3批次赴安徽芜湖跟岗培训，现这15名教师已经成为学校发展的中坚力量。

2019年9月至2021年1月，教育部领航名校长赵玲工作室先后组织芜湖10所学校向我校共捐赠图书16312本；联系多个爱心企业和个人捐赠校服80套，绘本860本；联系宣城市爱心协会捐赠了价值5万元的图书628册，书包文具各400套。这一本本凝聚着爱的图书将开启孩子们求知、探索的智慧大门，带领孩子们遨游知识的海洋。

此外，芜湖市的爱心人士对我校18名品学兼优的贫困学生进行一对一的爱心帮扶，直至帮扶对象大学毕业为止，帮扶金额计56万余元，这一笔笔爱心资助将让孩子们的求学之路更开阔无阻。遇见你们是思源学子之幸，感恩你们的无私付出！

领航校长们为思源的无私付出如同那夜空中璀璨的星星，不断指引着我们砥砺前行。正是有了这群可爱的人，有了这样的优质帮扶资源，我校的学校管理、教育教学工作才会有了质的飞跃！

教育无界，真情无价！让我们心怀感恩，以一片赤诚之心真挚地向各位为凉山教育、喜德教育做出无私贡献的领航校长们道上一声："你们辛苦了！谢谢你们！"是你们坚守教育为民的初心，用实际行动诠释了师者之大爱、大美!

(二)

阿的木呷是一位数学教师,他热情地表达自己万分激动的心情。

我对安徽的第一印象是从安徽电视台开始的,因为我小时候很喜欢看电视。后来读了书才知道安徽有个黄山很出名,不过从来没有去过安徽,所以感觉很陌生。但是现在一谈到安徽,我就感觉特别亲切,特别是芜湖市师范学校附属小学!因为和我们朝夕相处、亲如兄弟姐妹的支教老师就来自芜湖市师范学校附属小学。

自芜湖市师范学校附属小学与我校结对以来,先后派了很多优秀的老师来我校支教!他们的到来,对于我们学校而言,就是雪中送炭,就是春的希望。芜湖过来的老师,我都比较熟悉。他们个个学识渊博、精通专业、反应敏捷、有着独特的兴趣爱好、实践能力很强。跟他们在一起,你总能学到很多东西。无论是因材施教、寓教于乐的教书育人方法,还是谦虚低调的为人处世,以及家庭生活的柴米油盐都能让你受益匪浅。如,赵玲校长对学校的洞察力令人敬佩,她总是一眼就能看出问题的症结,立刻就有好办法指导我们解决。刘施俊老师的组织能力很强。近三千人的课间操结束后如何有序不乱地进行课间大活动让我们头疼之时,正好他来了,他只用了短短的2小时就搞定,所有老师都拍案叫绝,为他点赞。每次,学校的报告大厅设备有什么问题出什么故障,我脑子里的第一反应就是向刘校长求救,快、快、快!汪勇主任的照相技术、足球基本功培训方法,牛慧洁校长的敬业乐业精神……让我们称赞。王安平和汪小宾两位校长的数学教学方法很科学,他们重在培养学生的思维,教会他们如何分析问题、如何思考问题、如何解决问题,是他们今后人生路上一笔取之不尽用之不竭的财富。如果非要用一句话来描述的话,那就用"听君一席话,胜读十年书"来形容就再合适不过了。真想把他们渊博的学识和专业的教育教学经验复制粘贴到自己的脑海里啊。我常常问自己："他们为什么这么优秀呢？是不是每个安徽芜湖人都像他们这么优秀？"我想是的。他们的优秀除了跟以前的教育、身边的环境、赵玲校长的引领有关之外，更多是来自自身的原因。我发现他们有很多共同的特点：一是他们的自律性都很强；二是都有着乐观积极的心态；第三就是敏而好学，注重细节，还有更重要的就是勤奋努力。做任何工作都提前做好充足的准备。正是应了那句："机会总是留给有准备的人。"所以芜湖市师范学校附属小学就是我们认识安徽，了解安徽中小学教师的一个重要窗口。真的为他们点赞，感谢他们的默默付出！

在领航名校长赵玲的精心安排下，曾组织了几次大型的教研活动，让本校老师在自己的家门口听到了来自千里之外的经典教学示范课。他们上得一个比一个好，让人惊讶的同时，更多的是自我的反思。因为听了他们的课，让我们看到了差距，看到了自身的不足！一堂在我们看来平淡无奇，没有什么可讲的课，他们上得是那么栩栩如生，听者无不为之赞叹，让人受益无穷。他们不远千里一次次送教，让我们一次次感动，也让我们一次次收获。在他们的支持与鼓励下，我们学校很多老师都不再害怕上公开课，并走上了教研之路。我就在牛慧洁老师的鼓励和指导下，上了一堂《用字母表示数》课后，不再害怕上公开课，练出胆量也闯出了自己的风格。

支教老师们的到来，对我校教育教学质量的提升、办学理念的转变、学校常规管理的规范产生了积极而深远的影响！真心感谢芜湖市师范学校附属小学的全体支教老师，感谢他们无私的奉献和不计回报的付出，感谢领航名校长——赵玲校长。为你们点赞！

饮水思源，感恩奋进，我们将不忘初心，牢记使命，继续钻研教学，把我们的孩子培养成人成才！

（三）

语文教师彭晓庆感叹道：

在帮扶期间，我校派出多名教师骨干远赴安徽省芜湖市师范学校附属小学交流学习，大家回来之后都热烈讨论、感慨万千。2019年11月3日，是我终生难忘的日子。我在赵玲校长的带领下，远赴芜湖市师范学校附属小学，通过芜湖市师范学校附属小学优秀教师团队为期一周不断的磨课、试教，包括教案的修改、教学方式的转变等，最后我代表芜湖市师范学校附属小学去上海参加了全国八省市统编教材的教学示范课展示，获得了大家的好评。回校后，我把发达地区良好的教学经验和目前小学教育现状同本校的老师进行了反馈和交流。2020年12月，我校13位教师赴安徽芜湖，有幸参加了教育部领航名校长赵玲工作室"高品质校园建设"交流研讨活动。老师们走进芜湖市师范学校附属小学光华校区、镜湖小学、育红小学分校等校园，对学校的校容、校貌、校园管理、校园及班级文化建设进行了仔细的观摩和学习。他们独具特色的校园文化及教育理念，给我们极大的启发，是我们学习的榜样。

（四）

多才多艺的刘霞老师哽咽发言，"感恩遇见"。

2019年9月，正值学校开学季，坐落在群山环抱中的喜德县思源实验学校迎来了一批从远方而来的客人，他们就是教育部领航名校长赵玲工作室的成员，此行的任务是在凉山开展教育帮扶行动。

身处国家深度贫困县的老师们，在得知我们学校迎来了一支从城市而来的支教队伍时，都显得特别激动，不禁感叹着：终于不用走出大山，就可以学到城市先进的教育理念，丰富的教学经验啦！被"送教上门"，原来是这样幸福的一件事。

在接下来一年半的时间里，我们学校一共迎来了教育部领航名校长赵玲工作室的三批支教队伍。他们当中有学校管理人员，政治素养高，管理理念先进，而且均为芜湖市的教学名师，业务能力极强。这些支教老师们一来到大凉山，便扎根喜德，深入校园的各个角落，与孩子们零距离接触，把他们各个学校的办学理念、管理模式、学校特色等带到我们思源，给学校把脉诊断，开出良方，为我们学校的发展做出了巨大的贡献。

在学校管理方面，支教团队在我校办学理念、档案建设、教育科研、党建、德育等方面给予了专业的指导。为了加强我校的对外宣传能力，支教团队的老师组织学校骨干教师进行培训，开展了新闻撰写、微信美篇制作等讲座，带领我校老师共同开发了学校公众号。除此之外，他们还通过讲座、培训的方式，指导我校教师掌握现代化信息技术设备的使用和管理。在支教团队的指导下，我校开展的大课间活动，在凉山州获得二等奖。与此同时，他们还帮助我校组建了学校足球队，并编写了足球校本教程，丰富了我校的艺体课程。这为我校后来在凉山州第38届中小学生运动会足球比赛项目中勇夺双冠打下了坚实的基础。

在教育教学方面，支教团队的老师们走进课堂听评课，指导青年教师磨课、上课、参加各级教育教学展示活动。在赵玲校长的带领下，支教团队还在我校成功举办了两届科研节活动，为我校带来了10节高规格的优质课及2场精彩而实用的讲座。同时，"思源讲堂"的14场专题讲座、各类网上教科研活动的开展，针对性强，都是大家亟须学习的知识，不仅为我校教师创造了更广阔的学习平台，也促进了两地师生更深入地相互了解。除此之外，支教团队校长在了解到我校高段学生在数学学习方面困难的情况后，立即针对我校实际情况，组织了教师和学生两支数学培优队伍，并定时展开培训。在他们的指导和帮助下，我校培养出了一支优秀的数学教师队伍，我校在数学教育教学水平上得到了很大的提高，同时，师生培优这一有效的方式在我校得以拓展并延续。

这是多么可敬的一支团队啊！他们当中的每一个成员都是那么真

▲
▲
▲

诚,那么热情,将自己的学识、技能、经验,毫无保留地传授给了我们。不仅有物资上的捐助,还有教育教学理论、基础实践方面的引领,思源的每一个师生,都从中获益良多。在他们的悉心指导下,思源正不断地向上、蓬勃发展着!

而对于我个人而言,支教团队同样给予了我特别多的帮助。从支教团队组织的各种线上线下培训及赴芜湖各校实地参观学习中,我得到了很多启发,同时将学到的新理念、好方法学以致用,使得自己在语文教学及班级管理上取得更大的成效。2020年是喜德县脱贫攻坚决战决胜之年,我非常有幸代表喜德县参加了"凉山州脱贫攻坚·悦读书香"主题演讲比赛。对于平时站惯了三尺讲台的年轻教师而言,这样大的比赛舞台,心中不免忐忑。但幸运的是,一路上都得到了几位支教团队校长的帮助和支持。特别是李伟校长,他亲自向我们校长请缨,全程陪同指导我。从选稿、背稿、视频制作及配乐、服装、现场音响调试、初赛、复赛……李伟校长娴熟的制作技能,丰富的演讲经验及严谨、自信、乐观的态度,深深地影响着我。最终,我代表喜德县获得了演讲比赛的二等奖。然而,我不知道的是,从比赛开始到结束,整个支教团队的成员们都在网络那端默默地关注着我,支持着我,我并不是一个人在战斗!

这项荣誉对于我来说是一个制高点,也是一个新的起点,支教团队对我的帮助并没有止步。在庆祝中国共产党成立100周年的活动中,我又有幸代表思源实验学校及喜德县妇联分别参加了县、州级"学党史,颂党恩,永远跟党走"主题演讲比赛,并获得了喜德县一等奖及凉山州优秀奖的殊荣。我想,这一份份沉甸甸的荣誉,不仅属于我个人,属于思源,属于喜德,还属于这支优秀的支教队伍。他们情系思源,爱洒凉山,为大凉山的教育事业及脱贫攻坚战役、乡村振兴添上了浓墨重彩的一笔。

每当阳春三月,和煦的阳光洒满校园,这温暖的感觉就像教育部领航名校长赵玲工作室支教团队每一位成员的笑脸,感谢你们无私的帮助和倾情奉献！"饮水思源，感恩奋进"，在未来的教育之路上，我们一定不忘你们的嘱托和希望，通过"结对帮扶"这座友谊的桥梁，让教育之花开遍校园，让大凉山的雏鹰们振翅向云天！

满山的花儿在等待

支教路上的足迹

在喜德县思源实验学校支教帮扶一年半的时间里，团队成员们进班级上课、辅导学生、食堂看护、晚间查寝、课余时间听课及研讨，针对学校的实际情况，条块结合定方案，开设讲座、论坛作指导，每天忙碌而又充实。支教团队教师的精神状态感染着思源实验学校的老师们。渐渐地，追着问课怎么上、软件怎么使用的人多了，研讨的氛围浓厚了，求知的欲望被激发出来了，老师们钻研教材的劲头儿更足了……支教队员们的工作从大事记中可见一斑。

2019年9月2日，教育部领航名校长赵玲工作室支教队员赵玲、刘施俊在教育部教师工作司的带领下，奔赴凉山州喜德县，一路考察、了解喜德县的教育现状，并且初步了解驻点帮扶学校喜德县思源实验学校校园建设、师资队伍状况以及学生情况。

2019年9月23日，教育部领航名校长赵玲工作室支教队成员刘施俊帮助喜德县思源实验学校编排录制大课间体育活动视频，参加凉山州的评选活动。刘施俊带领学校体育组紧急开会，做好规划，分工合作。第二天便开始了演练，一遍遍的重复，在操场上来回不停地奔波。在短短的四天时间内完成了编排、排练、整合到拍摄的任务，顺利上报参加评审，完成了一个大家都认为不可能完成的任务。本次活动获得了凉山州二等奖的好成绩。

2019年10月9日，赵玲校长参加学校支部全体党员大会，为全体党员做基层党建工作讲座，为学校支部做规划、分细工，落实任务和活动，确保支部工作常规化、有序开展，并争取做出特色，成为少数民族学校党建工作的样板。

2019年10月23日，来自安徽省各地市的工作室成员及所在学校骨干教师走进四川省凉山州喜德县思源实验学校，开展为时五天的教育帮扶活动。丰富有效、亮点频频的八节优质课得到了与会专家和听课教师的一致好评。在互动评议环节中，听课教师抑制不住激动的心情，纷纷畅所欲言。先进的教学理念，多样的教学方法，让大家耳目一新。

2019年10月24日，芜湖市师范学校附属小学四（2）中队和凉山州喜德县思源实验学校四（4）中队结成手拉手中队。结对仪式上，四（2）中队的孩子向大家送出了自己亲手制作的贺卡、亲笔写的信件，并向四（4）中队的孩子赠送了"友谊球"。在信件中，大家交流了自己的生活、学习以及家庭、学校情况，今后还将通过书信往来、交流互访等活动深入了解对方、互相激励、联络感情、共同进步。

2019年10月25日，冒着淅淅沥沥的雨滴，支教团队一行人来到3户彝族学生家中家访。在学生家中，通过细心入微的交谈和体贴暖心的询问，老师们见到了彝族淳朴的民风和勤劳朴实的民众。在家访的过程中，家长们都热情接待了支教团队成员，与大家倾心交谈，并对于老师们长途跋涉来到喜德县支教表示了感谢。

2019年11月21日，喜德县思源实验学校彭晓庆和巴莫伍呷老师在赵玲校长的带领下，来到上海进才实验小学参加了北京师范大学第30期小学校长高级研修班联盟举办的以"把握新课标，用好新教材"为主题的跨省市联合教学研究活动，此次活动展示了多地教师的教学理念、智慧与风采，并为参会者提供教学观摩、经验分享，疑义辨析、专家引领的平台。

2019年12月2日—6日，芜湖市师范学校附属小学迎来了"第十期长三角名校长高级研究班"的学员，来自江浙沪皖的24位校长以及四川省凉山州喜德县思源实验学校的校长和行政老师在芜湖市师范学校附属小学实地察看校容校貌，听取专题介绍，深入课堂听课，观摩学校活动，开展师生交流。

2019年12月13日中午，赵玲校长开展"思源讲堂"活动，与学校教师共同分享参加全国思政课教师座谈会的经历，题目为"一堂特殊而难忘的思政课"，吸引了喜德县全体教师放弃休息，赶来参加活动。

2019年12月28日，历时三个月的校园宣传片正式完成。该宣传片短小精悍，由教育部领航名校长赵玲工作室策划、撰写，并邀请专业团队精良制作，受到教育部和各级主管部门高度赞誉。

2020年5月22日上午，教育部领航名校长赵玲工作室成员赵玲和汪勇老师在喜德县教育局参加了因疫情推迟的第二批支教队集中大会，并在授旗仪式上接过第二批支教团队思源支教队的旗帜。5月22日下午，广西师范大学何剑副教授与赵玲校长、汪勇老师以及内蒙古鄂尔多斯的郝小雨、张益嘉老师一起主持并参加了思源实验学校的校本教研活动。

2020年5月23日，广西师范大学基地在喜德县思源实验学校进行了第二批支教队线上线下启动仪式。启动仪式结束后，广西师范大学的韦义平教授和何剑副教授关于不同主题作了专家讲座，为喜德县的老师和支教队员们提供了丰盛的精神大餐。

2020年5月24日，在教育部黄贵珍秘书长的带领下，教育部领导先后到思源实验学校进行了工作调研。黄秘书长巡视了支教教师的食宿环境，亲切询问支教教师在这里生活的感受。在学校调研后，由叶蓓蓓副部长主持，连线名校长领航工程广西师范大学基地的各位名校长，开展了线上线下座谈会。

2020年春季学期，教育部领航名校长赵玲工作室成员汪勇老师了解校园足球开展情况，筹备组建足球社团；5月28日，校园足球社团正式组建完成，建立梯队；6月2日，开展足球社团足球训练示范课（自此每周四次的训练从未间断，直至假期，每日训练结束均进行教练团队教研活动）。

2020年5月26日，支教团队老师参观了喜德县四所帮扶学校，了解当地和各校的教育文化，为学校下一步发展方向把脉问诊。

2020年5月28日，汪勇老师组织并参加了在思源实践学校进行的中央广播电视总台"协助引入中国扶贫基金会爱心包裹项目"捐赠仪式。

2020年5月29日，汪勇老师根据思源实验学校宣传工作现状，开展了"序庠宣特色，坛声传十里""思源讲堂"系列培训。组建了公众号团队，并进行了第一次文案团队培训活动。6月4日、6月15日相继开展了文案和技术团队的二次培训。

2020年6月1日，支教团队老师参与组织思源实验学校庆六一"迎接少代会，争做好队员"经典诵读比赛暨颁奖典礼活动。一整天的活动安排得井井有条，活动圆满结束。

2020年6月3日，汪勇老师积极响应喜德县委关于结对工作的文件精神，继赵玲校长和马海克启校长这对师徒之后，填写了结对帮扶的登记表，与思源实验学校海来木呷老师师徒结对。

2020年6月7日，支教团队老师开展了家访活动，深入学生家庭了解家庭现状，关注孩子们的生活日常和身心健康。

2020年6月9日，赵玲校长开展"每月讲堂"活动，分享专题《家校合作助成长》；汪勇老师开展了思源实验学校全体教师新闻摄影工作培训，指导教师在日常的工作中养成收集个人和学校图片、影像资料的习惯，掌握基本的素材收集、整理的技巧。

2020年6月10日，汪勇老师为思源实验学校录制合唱团视频参加央视音乐之声作品遴选活动。

2020年6月11日，支教团队老师参加了思源实验学校的防震、防火疏散演练活动，提供了技术支持，并对演练活动给予了建议。

2020年6月22日，汪勇老师为思源实验学校首届毕业班拍摄毕业照，留下了思源实验学校历史上第一张珍贵、难忘的毕业照片。

▲
▲
▲

2020年6月22日，汪勇老师组织开展了思源实验学校公众号团队总结会暨上线启动仪式；公众号正式上线，首篇文稿发布。

2020年6月24日，教育部领航名校长赵玲工作室各成员校借助"互联网+教研"形式，开展了皖、川、藏三地少先队活动课"云教研"活动。通过在线举行的三地班主任、辅导员云端参与的教研活动，交流、总结教学经验，切实提升了班主任、辅导员教师的专业能力。

2020年6月28日，汪勇老师带领学校体育教研组为思源实验学校编写了校园足球校本课程教材。35000字的校本教材涵盖了个人技术和团队配合的教学内容、训练方法以及训练注意事项等，将推动思源实验学校足球社团工作再上台阶。

2020年6月29日，支教团队老师为思源实验学校足球社团拍摄宣传相册。

2020年7月1日，支教团队老师参与组织了思源实验学校首届毕业班学生毕业典礼。教师的临别赠言和学生的感谢致敬都激励着思源学子继续努力奋进。

2020年9月5日，教育部领航名校长赵玲工作室成员赵玲、王安平、牛慧洁来到喜德县思源实验学校，正式开始第三期凉山支教帮扶工作。支教团队成员一如既往地与学校老师近距离对话交流，走进办公室、走进教室，了解学校目前取得的成绩和困难，便于更好地开展下一步工作。

2020年9月7日，教育部领航名校长赵玲工作室成员赵玲、牛慧洁带领思源实验学校小足球队员们来到喜德民族学校，参加"大手拉小手，公益足球赛"活动。赛场上，小足球队员不畏央视主持人组成的明星队，超常发挥，体现了彝族娃的体育风格和不屈不挠的奋斗精神。比赛现场直播，受到观众一致好评。

2020年9月10日，赵玲、王安平、牛慧洁筹备思源实验学校第二届科研节，具体工作有撰写方案、流程策划、接收捐赠的书籍物品等。

2020年9月10日，牛慧洁在得知支教学校教师急缺的情况下主动请缨，担任了307班数学教学任务。

2020年10月8日，牛慧洁根据支教学校现状，借鉴了芜湖市师范学校附属小学教科研制度，为思源实验学校教导处专门设计了教科研活动各类表格，并做了"小课题研究"的"思源讲堂"专题讲座。

2020年10月11日，王安平、牛慧洁为思源实验学校量身打造"书香校园"活动思路，谈论制定了学校读书活动方案。

2020年10月，牛慧洁、王安平帮助青年教师阿的木呷老师磨课。他们一遍遍听课议课，帮助阿的老师不断成长。

2020年9月—10月，赵玲、王安平、牛慧洁先后走访慰问四位贫困学生，了解他们的生活学习情况，并为孩子们送去慰问品和慰问金。

2020年10月26日，教育部领航名校长赵玲工作室组织芜湖10所学校为思源实验学校进行爱心捐赠，共同体10所学校共捐赠图书16312本，芜湖爱心企业和个人捐赠校服80套，绘本860本，宣城市捐赠了价值5万元的图书628册，书包文具各400套。

2020年10月25日，支教团队十多位骨干教师赴凉山喜德思源实验学校开展"思源实验学校第二届科研节暨教育部领航名校长赵玲工作室凉山教育帮扶活动"。此次活动得到了喜德县教体科局大力支持。开幕式上还进行了捐赠仪式。在随后的教学展示活动课中，郭莉、阿的木呷两位老师进行了五年级数学同课异构《用字母表示数》。两位老师不约而同从生活入手，引导学生大胆探索，自主学习，培养了学生的数学思想，让学生感受到了数学符号的简洁之美。随后来自芜湖市师范学校附属小学的陶晓桐老师给大家带来一节全国中小学信息技术创新与实践大赛特等奖的美术课《生活日用品的联想》。整节课生动活泼，创意无限，让人目不暇接。评课环节更是精彩纷呈。科研节上，芜湖市教科所教科研专家孔立新教授的讲座、校长论坛活动是高水平的思想交流碰撞，活动取得圆满成功。

2020年10月29日，为提高思源实验学校数学教学质量，李伟、汪小宾对学校全体数学教师进行测试摸底，选拔出12人学习小组，并对他们进行数学拓展培优方面的培训。活动的开展受到了学校老师的热烈欢迎，学习积极性高涨。

2020年11月5日，李伟、汪小宾组织思源实验学校六年级部分学生成立数学思维培训班，每周给学生进行两次培优训练，同时数学组老师可以随时参与听课。活动不仅提高了教师和学生的解题能力，更开阔了学生的思维，提升了教师的专业水平。

2020年11月15日，李伟帮助学校刘霞老师参加凉山州脱贫攻坚阅读主题演讲比赛。此次演讲活动，李伟从选稿、PPT制作、服装、初赛、复赛、决赛全程跟踪参与。此次演讲比赛获得优异成绩并代表喜德县参加全省比赛。

2020年12月2日，李伟、汪小宾帮助学校迎接喜德县办学评估检查，从细则解读、任务分解、目录制作、材料把关、呈现形式、汇报PPT等各个方面进行指导，获得检查组的好评。

2020年12月5日，李伟、汪小宾带领思源实验学校15名骨干教师参加"2020年第11期长三角名校长高研班芜湖市师范学校附属小学基地实训"培训，老师们参观了芜湖市师范学校附属小学、芜湖镜湖小学、芜湖育红小学，聆听了北京师范大学校长培训学院陈锁明院长等两场高水平讲座，并全程参与其他培训，老师们一致表示，此次活动开阔了眼界，收获满满。

2020年12月29日，汪小宾组织芜湖市的爱心人士，对思源实验学校18名特困学生进行一对一的爱心帮扶，直至帮扶对象大学毕业。此项爱心帮扶活动金额56万余元。

2021年1月4日，李伟、汪小宾组织合肥华铮工作室主持人合肥屯溪路小学的名师华铮老师给思源实验学校六年级学生和全校数学教师开展了一次"网络送课活动"。此项活动为未来的在线互动教学打开了一扇无限可能性的窗口。

2021年1月5日，赵玲、王安平、汪小宾、李伟分别代表所在的四所学校和思源实验学校签订结对共建协议，双方商议今后五年学校之间开展系列活动，共享共建，共同发展。

附 录 一 　思源讲堂

党建领航践行初心　立德树人担负使命

安徽省芜湖市，一座半城山半城水的城市，我们芜湖市师范学校附属小学创办于1964年，以前叫黄果山小学、抗大小学，1979年更名为芜湖市师范学校附属小学。校址坐落于繁华的银湖中路上，北接芜湖长江大桥、奇瑞汽车制造厂，南面赭山秀色，东临两站客运广场，西迎滚滚长江，五十余年校园特色文化的积淀以及地理位置的优势使之跻身于省市名优学校之列，成为芜湖教育的窗口单位。2014年在镜湖区率先成立集团学校，现有三个校区。学校以立德树人为己任，坚持内涵与品质发展，以文化凝聚学校精神，以培养"心灵美好、身姿矫健、头脑聪慧、交往自如的阳光少年"为育人目标，重视学生个性发展的潜能，挖掘学生多元发展的潜质，让每个孩子阳光健康地成长。

2003年6月，我正式加入了中国共产党，成了这个世界上最先进组织的一员，心中无比荣耀。尤其是担任党支部书记以后，更加深感重任在肩。在30年教育生涯的工作和学习中，我越来越认识到加强学校党的建设，对于全面贯彻党的教育方针、保证社会主义办学方向、落实立德树人根本任务、办好人民满意的教育，具有重要意义。不忘初心、牢记使命，高举习近平新时代中国特色社会主义思想伟大旗帜，坚持用习近平新时代中国特色社会主义思想武装头脑、指导教育行动，是学校党建工作的中心思想。

一、党旗飘扬，亮化工程全覆盖

2020年，习近平总书记给复旦大学《共产党宣言》展示馆党员志愿服务队全体队员的回信中说，心有所信，方能行远。面向未来，我们在学思践悟中坚定理想信念，在奋发有为中践行初心使命，努力实现中华民族伟大复兴的中国梦。

党建工作最根本的目的就是为教育教学工作提供思想理论依据和动力保障，是学校内涵特色发展的政治保障，保证党的教育方针政策的贯彻落实，所以党建工作与学校教育工作本质上是相辅相成的。芜湖市师范学校附属小学的党建工作立足立德树人根本任务，力戒形式主义、官僚主义，着力防范党建教学"两张皮"现象，始终注重发挥党支部的战斗堡垒作用和党员教师的先锋模范作用，做到"四结合四照亮"，使党员教师成为党建标兵、业务尖兵，引领校园文化的新风尚。

1.与师德师风建设相结合，照亮一种校园文化。

文化育人是学校教育的重要途径。学校是培养社会主义接班人的教育阵地，党建文化应是校园文化最重要的组成部分。党建文化和校园文化相辅相成，互相促进。

一个支部引领一种校风，照亮一种校园文化。芜湖市师范学校附属小学党支部用党建引领校风建设，让党建贴近师生，牢牢把握意识形态领域的主动权，以教风促学风，形成一种充满生命气息的特色校园文化。

学校注重师德教育的针对性、时效性。每年通过开展年度考核优秀、校级"先进工作者""优秀党员""优秀班主任"等评选活动，产生一批优秀教师加以表彰，再由这些"身边的人说身边的事"，对教师开展学模范学先进活动。同时，学校还积极开展教师"四德"（社会公德、职业道德、家庭美德、个人品德）教育活动，每季度举办一次道德讲堂活动，将先进人物的先进事迹引进校园，弘扬真善美、传播正能量，引导全校教职员工志存高远，用道德指引行动，全身心投入到学校建设发展的改革热潮中来。

结合全国文明校园创建，党支部持续开展文明办公室评比，以多彩的自发创建活动丰富教师的文化生活和工作内涵，集聚阳光、辐射全员。如文明办公室评比细则、教师分享读书美食健身小故事、集体生日会、党的知识微课堂、无偿献血指标几分钟被秒杀等。

在党建阵地上，党员教师自发成立"党员互助基金"，从2012年来一直坚持助老、助学、助困和助残，服务身边群众，以无私奉献的实际行动，弘扬了团结互助精神和扶贫济困的中华民族传统美德。当城市面临历史罕见的洪水，全体党员教师半小时全员到岗，我作为临时安置点的总指挥和老师、家长24小时轮流值守，15个日夜不眠不休在临时安置点守护群众安全。

大家在学习和活动中充分感受到党组织不是高不可攀的，党员先锋其实就是身边的你我他。党员教师积极在岗位做先锋，在一年级生源爆满、教师紧缺的情况下，两位党员教师放弃还有2个多月的产假，主动返回校园接班，多位党员教师主动要求承担几个班级的工作任务，使得开学工作平稳有序。学校年轻教师积极向党组织靠拢，入党申请写了一份又一份……阳光的芜湖市师范学校附属小学正能量满满，显现了旺盛的生命力和强劲的发展势头。

2.与"党员先锋岗"相结合，照亮一个课堂。

一个党员就是一面旗帜。在教学阵地上，一个党员上好一节课，照亮一个课堂。让党建与课堂一线相融，让党建贴近教学。学校骨干教师和优秀教师承担教研组和党小组工作，党员教师承担教学改革、课程改革任务，带头讲课听课、说课评课、教学研讨，发挥示范辐射作用，带动全体教师的业务成长。每月开展的全体教师政治理论学习，由每一位党员领学，帮助教职工学习党的方针政策和教育教学理论，党员教师纷纷成为学校的党建工作骨干和优秀的代表。学校党员教师90%都是各级各类的教研组长、优秀教师、骨干教师。学校实行双培养制度，也就是把党员培养成骨干教师、把骨干教师培养成优秀的党员。这些党员教师在课堂上发挥示范引领作用，这些党员教师很多是省内外的教学名师，积极外出送教、讲学。

3.与"青蓝结对"特色相结合，照亮一个人生。

一个党员联系一个青年教师，照亮一个人生。每年新入职的青年教师由党支部、教导处、德育处统筹安排，与党员骨干教师、党员骨干班主任青蓝结对，及时了解他们的思想动态，并在教育教学专业提升上进行传帮带，帮助青年教师快速成长。一批年轻教师在全国教学活动现场评比中脱颖而出，获特等奖、一等奖多人次。支委结对党员，党员结对教师，班子成员结对青年教师，做到思想和业务的"双引领"。

4.与班主任、辅导员工作相结合。

一个党员联系一个班级，照亮一个教室和每一个孩子。支委、党员利用业余时间、党员活动日通过家访活动建立家校沟通平台，主动帮扶解困，让孩子、家长切身感受到学校的关怀，深入班级跟踪指导，营造良好班级文化氛围，以争创"五星班级"为载体，以"阳光成长储蓄银行"活动为抓手，加强班级管理，推进星级考评制度，将小学生日常规范教育抓细、抓严、抓实，帮助孩子扣好人生第一粒扣子。

在支部和党员的感召下，全体教师踏实肯干、团结协作，形成良好的教风，年轻教师踊跃递交入党申请书，主动到薄弱学校支教，学校各项工作成绩斐然，获得中国支持西部教育先进集体、全国创建文明校园先进单位、全国教学应用优秀学校、全国体育工作示范学校、全国百佳安全健康校园等十多项荣誉称号。

二、坚定理想信念"三旗联动"引领航向

2020年8月17日，在习近平总书记致全国青联十三届全委会和全国学联二十七大的贺信中说："我国广大青年要坚定理想信念，培育高尚品格，练就过硬本领，勇于创新创造，矢志艰苦奋斗，同亿万人民一道，在矢志奋斗中谱写新时代的青春之歌。"

由于近年来学校飞速发展，青年教师不断增加，为引领青年教师快速成长，让团徽闪耀，学校党支部坚持以党建带团建，吹响了青春的集结号。党支部带领团支部开展"政治坚定的学习型团队、勤勉务实的专业型团队、锐意进取的创新团队、热心公益的奉献型团队"的"四型团队"建设，一批团员教师坚定了理想信念，快速成长，学校团支部2021年被授予"安徽省五四红旗团支部"称号。

1.坚持思政教育，建设政治坚定的学习型团队。

学校党支部高度重视青年教师的政治理论、职业修养与业务素养的学习教育，发挥思想政治教育核心作用，以培育学习型青年教师作为创建活动的重要内容，突出针对性和人性化。支部以科学发展观为指导，深入开展思想政治教育活动，旨在坚定青年团员理想信念，提高团员思想素质，使之从根本上培养正确的世界观、人生观，树立远大的理想，朝着符合现代化要求的优秀团员前进。定期召开团干会，明确职责，大力开展谈心活动，要求所有结对党员、团干和团员多交流，多谈心，了解他们的思想状态，通过开展一些喜闻乐见的活动，不断增强团支部的战斗力、凝聚力。

2.夯实业务，建设勤勉务实的专业型团队。

学校把建设一支数量足、素质高、能力强、团结向上、热心于教育教学事业的师资队伍作为学校教育的中心环节来抓。在校领导的重视下，青年教师们经常参加新课程培训和各级各类教师业务培训，定期进

行学科教研活动，探讨学科教育教学问题，提出教学的新思路，交流教育心得体会，提高教学反思的能力。同时，学校教研组还着力开展传帮带工作，本着"压担子，给机会，多指导"的原则，通过师徒结对、以优带新，举办"青蓝杯"教学比赛、外出上观摩课、参加各级各类比赛等，提高青年教师的岗位技能，有力地促进了青年教师素质的提高，提高各学科教育的质量与成效。

3.开拓创新，建设锐意进取的创新型团队。

各学科青年教师努力加强学校教育理论和实践的研究探索，积极发挥学科专长，不断开拓创新，提高学校教育教学质量，努力开创学校教育新局面，让阳光教育之花绽放在每一个学生的心中，使他们受益终身。青年教师在做好本职工作的同时，不忘发展个人特长，我校提倡教书专业发展1+1，就是本学科加特长学科（不是兴趣），学校开展各种特色课程活动，都离不开这些青年教师的努力和奉献。比如，校园吉尼斯、大课间阳光体育活动、快乐周五特色课程等都已经成为学校教育教学工作的重要组成部分，同时也是对外交流的一个重要窗口。青年教师也积极组织辅导学生参与各级各类竞赛，硕果累累。

4.服务社会，建设热心公益的奉献型团队。

为组织和引导教师立足本职岗位，学校开展"比踏实、比付出、比服务"活动，以老党员、老同志为镜子，对照自己的思想和工作实际，坚定正确的理想信念，树立良好的学习习惯和生活态度，自重、自省、自警、自励，不事张扬，勤奋踏实，恪尽职守，爱岗敬业，向全校师生、家长乃至全社会展示学校青年教师开拓创新、甘于奉献、争创一流业绩的团队精神风貌。学校教师们牢记"亲其师而信其道"，用自己的实际行动感染着每一位学生，积极参加"捐一日薪""结对帮扶""关爱明天""慰问福利院"等社会公益活动，对学校困难家庭、身患疾病的学生、社区鳏寡孤独老人、福利院孤儿等积极开展慰问、捐助活动。在文明城市创建活动中，在无偿献血、抗击雪灾、抗洪抢险照顾转移安置群众等活动中，他们始终冲在最前面，用自己的一言一行向全体师生、家长、社会践行着身为师者的誓词。

三、星星火炬　薪火相传中国梦

2015年6月1日，习近平总书记在会见中国少年先锋队第七次全国代表大会代表寄语全国各族少年儿童时指出，童年是人的一生中最宝贵的时期，在这个时期就注意树立正确的人生目标，培养好思想、好品行、好习惯，今天做祖国的好儿童，明天做祖国的建设者，美好的生活属于你们，美丽的中国梦属于你们。

在全国思政课教师座谈会上，我在现场聆听了习近平总书记的重要讲话，"要坚持把立德树人作为根本任务，把思想政治工作贯穿教育教学全过程"。回来后，我们在深学、细悟、笃行中将这份嘱托牢牢记在心中。

小学思想政治教育的关键，在于培养对党和社会主义祖国的朴素情感，潜移默化地教育学生感党恩、跟党走。作为基础教育的小学，要把德育工作放在最重要的位置，带领以党员教师为主体的骨干力量，坚持践行"让每个孩子阳光健康成长"的理念，坚持校、家、社联动，开展丰富多彩的育德、润德课程活动。传承"雷锋精神"的红色基因，以创新的"阳光"课程体系为工作抓手，上好"大思政课"。

1.以雷锋精神铸魂。

"雷锋精神"是芜湖市师范学校附属小学师生的灵魂，代代传承，生生不息。学校把引导学生德行和德性养成作为持续性生成目标，以雷锋精神作为校园的精神名片，传承红色基因，为促进学生道德生长提供了丰厚的精神食粮和优化的生长环境。五十多年来立德树人，雷锋精神已经在芜湖市师范学校附属小学的土地上生根、发芽，鞭策着一代又一代芜湖市师范学校附属小学师生励精图治、不断求索。五十多年来的坚持与坚守，红色基因已成为芜湖市师范学校附属小学师生精神成长的重要基石。

2.以阳光德育强基。

快乐周五：一所充满生命活力的学校，必然拥有着灿烂如阳光般的孩子们。在芜湖市师范学校附属小学，孩子们最快乐、最期待的莫过于周五下午了。学校从2012年起，开展了特色教学活动项目的"快乐周五"体育艺术2+N，特色之"我的课程"。这一特色课程以"我"为中心，立足"我"的兴趣，关注"我"的成长，发展"我"的特长，培养"我"的自信，快乐"我"的童年，被广大学生、家长、媒体和社会人士亲切地称作"不背书包的快乐周五"。他们可以根据自己的认知水平和兴趣爱好，提出需求，再由学校通过师生双向意愿选择和优先项目录取的方法，将两个校区的学生合理安排于60多门特色课程中。

绿色作业日：在芜湖市师范学校附属小学，孩子们最喜欢星期三，因为周三是绿色作业日。这一天没有传统的书面作业，同学们在老师和家长的指导下，开展实践体验活动，高高兴兴地在学中玩，玩中学。搜集中秋节等传统节日的习俗，超市购物，体验分段计费法……各学科教师积极进行教学模式改革，从教学内容和学生生活经验出发，为学生自主学习，精心设计学习实践活动作业。同学们在老师的指导下，开展大量的阅读、思考、手工制作、科学实验等实践活动，提高了学习兴趣和实践能力。学生、家长、社会都为绿色作业日点赞。

家长进课堂：家长进课堂是学校为拓宽学生视野，利用优质家长资源补充和丰富德育教育资源，为学生进行的特色"配餐"。旨在引导学生走进生活，了解三百六十行，真正为他们建一所更加宽敞的、没有校门的学校。

书香班集体："以书香溢满校园，让阅读浸润童年。"家校携手互动，共搭书香之"台"；教师引导示范，培养书香之"法"；巧设特色活动，营造书香之"径"；开展评选表彰，激励书香之"才"。读书是"生命的美容"，这种课业之外的成长，将永久地留在学生记忆里，成为最初的性格底色，并如同掌纹相随他们一生。

3.以拓展实践创翼。

校园吉尼斯：校园吉尼斯始创于1995年，以"培养学生自主精神，开发学生创新潜能"为主旨，学校坚持拓宽评价体系，促进个性化发展，让每个孩子都能发掘自我潜力，获得成功体验，从而达到全面发展的目标。目前校园吉尼斯纪录已有1050项，让每一个有专长且愿意展示的学生都能参与竞争、让每一个可以量化的申报项目都能载入"校园吉尼斯"荣誉册、让每一个参与竞争的优胜者都能挂上"校园吉尼斯"奖章。

传统游戏节：童心是孩子的天性，更应该是一个人贯穿一生的天性。学校举办传统游戏节，让传统游戏回归，让孩子走进自然，回到伙伴们中间，回到那个其乐融融的"玩伴世界"，让孩子们和传统游戏亲密接触，感受成长的快乐，为孩子的成长赋予一定的人文气质。目前，传统游戏项目已达24项之多，快乐童年，游戏相伴。在现代重拾传统游戏，给孩子们的童年打上传统文化的烙印，从而更好地挖掘人文价值，焕发文化活力。

劳动小能手：劳动，最光荣！在新时代，劳动教育不仅仅限于体力劳动，而是被赋予丰富的内涵，有了创新探索，这些都让劳动教育在育人过程中更具价值和意义。学校结合时代发展要求、学生发展需求、学校自身办学特点，尝试实施"学校、家庭、社会"三方联动，开展"3+"劳动教育模式的实践与研究，让孩子们在劳动创造中获得幸福，让生命更有温度。

4.以成长银行守根。

青少年阶段是人生的"拔节孕穗期"，最需要精心引导和栽培。

2014年9月，学校创新德育方式，推出"阳光成长储蓄银行"特色活动。这是芜湖市师范学校附属小学向日葵德育体系中对于学生德育实践的一种评价方式，孩子们可以通过一学期的优秀品德表现兑换"阳光币"，"存折余额"则作为评优依据，让廉政教育融入德育教育，融入孩子日常生活的一言一行，也将学校的廉政教育落到实处。储存一份美德，收获满园阳光。校园的每一个角落都在传递一种向好向上的风尚和正能量，六年之后，每一位孩子打开"存折"，都将看到一个鲜活的自己在阳光下日渐成长的足迹。

通过建设"道德成长储蓄银行"，孩子们充分利用每一次道德加分的机会，为自己的"阳光银行"添砖加瓦，养成良好的学习习惯和道德规范，这对教师的阳光行为做了规范，进一步拓展了学校德育教育的领域和形式，营造了"我为人人，人人为我"的浓厚道德氛围，进一步凝聚正能量，使学校更温暖、校园更阳光。

学校力求以"德"润心灵，深耕厚植，把立德树人真正落到实处，让每个孩子阳光健康地成长，使中华民族伟大复兴的中国梦在一代代人的接力奋斗中变为现实。目前，已出版著作《让每个孩子阳光健康地成长——芜湖师范附属小学课程德育实践研究》。

随着"大思政课"的内涵不断丰富，其外延也日益扩展。在学校的倡导下，学生家长成立护花志愿者服务队，每天维护孩子出行。"人人为我、我为人人"的奉献精神，已成为芜湖市师范学校附属小学家长们的"集体精神"。如今，在校园里，学生讲文明懂礼貌，自信而阳光；教师成长迅速，屡屡在竞赛中斩金夺银；学校党支部先后被评为市先进基层党组织、市首批"两应"基层党组织，受市委组织部委托成立芜湖市唯一的教育系统党员教育基地；我个人作为党建标兵入选"安徽省重大先进典型"，成长为全国"优秀党务工作者"，2021年7月，赴北京接受中共中央表彰，并参加"建党百年"系列活动。

四、勇于担当诠释使命　真情奉献践诺初心

"家是最小国，国是千万家。"家国情怀是责任、是担当，更是共产党人立德之源、立功之本。学校的全体党团员教师勇于担当，诠释使命，真情奉献践诺初心，用扎实的脚印标定自己人生的价值航标。

作为教育工作者，对每一个学生、每一个家庭都倾注深厚的感情。有的班主任老师每天早上都会将准备好的牛奶和点心，塞到家庭困难学生的手中。学校组织春游时，党团员教师会悄悄替家庭困难的学生缴纳费用，并买好一大包食物。当身患白血病无钱医治的学生陷入绝望时，全体党团员教师积极带头两次捐款，并倡导发动师生、家长和社会，筹集善款，帮助孩子顺利康复、返回校园。

2019年8月，为全面贯彻落实习近平总书记关于教育的重要讲话精神，加强安徽和西藏基础教育的合作，发挥优质教育资源的作用，省委省政府和省教育厅遴选全省高中、初中、小学各一所与西藏中小学校结对，我校牵手西藏山南市第一小学，开展结对共建工作。我们深入校园各个角落，就学校的党建工作、文化建设、德育特色课程等作指导，开展形式多样的共建活动。

远到千里之外的山南，近到区内、市内、省内的兄弟学校，如在芜湖市内的向阳小学、阜阳市颍上县慎城镇第二小学、池州市青阳县蓉城镇第二小学、六安市裕安区狮子岗乡杨店小学等开展结对共建工作，让更多的孩子接受更优质的教育是所有教育人的初心，也是每一位教育人的责任，我们愿意以自己的微薄之力，为国家培养更多有用的人才贡献自己的一份力量。

桃李不言，下自成蹊。芜湖市师范附属小学被遴选为"长三角名校长"培养基地、安徽省中小学"影子校长"培训基地，成立了芜湖市首个教育部领航名校长赵玲工作室，吸引了来自全国各地超过20所学校

加入工作室教育共同体，与上海、浙江宁波、江苏扬州四校牵头成立长三角小学教育共同体……依托这些平台，我们将学校党建引领校园文化建设的经验倾囊相授，分享交流，与更多的兄弟学校实现教育提升，办好人民满意的教育。

我们作为一名合格的共产党人，更加应该时时保持饱满的热情，勇挑重担，处处从严要求自己，贯彻落实习近平新时代中国特色社会主义思想和党的十九大精神，以优异的成绩、严谨的学风在学习和工作中发挥先锋模范作用，为早日实现"两个一百年"奋斗目标、实现中华民族伟大复兴贡献力量。

团队文化促规范　课程创新育校魂

　　芜湖市师范学校附属小学五十多年校园特色文化的积淀使学校成为省内外素质教育的窗口学校。因为学校社会美誉度高，因此年年扩班，目前面临着校舍严重不足的困难。学校现有三个校区（红梅校区、光华星城校区、官河校区），分五个地点办学，从南到北横跨芜湖市。学校行政分散、教师分散，还有部分教师需要跨校兼课，这些都给学校的各项工作带来了极大的挑战。如何应对困境、在"双减"形势下挑战自我，既要一如既往保证学校常规工作开展，又要创新学校发展，让师生阳光成长呢？

一、行政联系班组，切实发挥作用

　　学校所有行政人员联系班级、教研组、年级组，每学期按照《行政联系教研组、年级组安排表》《行政联系班级安排表》对接教研组和班级。每学期参与教研组活动，开展示范课、讲座、评课议课等活动，做好示范引领和指导。对接班级的行政人员不仅经常与班主任和任课教师沟通交流，了解班级动态，还根据学校的随堂听课安排进班听课，同时还加入班级QQ群，关注班级群动态，如：作业公示、学校各项活动通知、在线家长会、疫苗接种上报等事宜，及时帮助班主任和任课教师解决遇到的困难。学期末所有行政人员负责审核对接班级的学生评语和评价手册，班主任凭行政人员签字的审核通过单方可到学校办公室给评价手册盖章。

二、行政分工细化，职责制度明确

作为集团化办学学校，面对本部三个教学点、两个新校区的工作，学校建立了集团学校教学网格化管理的运行模式，各校区和教学点联动协作，确保各项工作的顺利开展。

学校制定了明确的教学管理制度，实施教育教学常态化管理，各项工作细化分工、明确职责、责任到人。常规检查管理方面，分管行政人员的主要任务是：行政人员根据巡课安排表进行课堂巡视，处理突发情况，关注调课单填写情况；学期中和学期末进行两次作业抽查，根据批改情况分 AB 档次打分，与绩效考核挂钩；每学期三次检查教师电子备课，反馈集体备课质量，要求及时撰写教学反思并上传教学课件等资源；学期末检查教师听课笔记，对规范记录、听课节数、边评和总评数量和质量均有明确要求。每次检查过后分管行政人员撰写检查总结，拟定整改措施，在教导处例会上汇总情况，在集团行政会上进行汇报，个性问题在学科教研组会上进行反馈，共性问题在全体教师会上进行通报，后期检查中重点关注，持续跟进。

学校各种常规检查均落实到人，并总结到位，反馈及时，学校的每项工作都落实到每个校区、每个教研组、每个班级。行政人员在常规管理中不断地总结经验、发现亮点、改进不足，让教师们感受到行政人员就陪伴在她们身边，一起工作，一起解决问题。集团网格化的管理模式提高了工作效率，增强了教师凝聚力，使得各校区、教学点"人员分散"而心不散。

三、课题研究共成长，科研引领促发展

近几年来，学校相继完成了"阳光生命教育的实践与研究""校本德育课程中家长资源的开发与利用""优秀教师成长个案及其成长机制研究""学校创客空间建设与应用研究"等多项国家级、省级教育科学规划重点课题，获国家级和省级教科研成果、课题成果的大奖。目前在研课题"小学阶段'数学绿色作业'的实践性研究""小学道德与法治学科的日常形成性学习评价的有效策略研究"正在进行中。全体数学老师依托学校绿色作业日活动，开展了丰富多彩的数学实践活动。道德与法治学科团队在完成人民教育出版社引领的"学科资源库建设"课题研究和推广后，正进一步开展"小学道德与法治学科的日常形成性学习评价的有效策略研究"，课题组结合《道德与法治》统编教材内容，制定出一系列学生日常形成性评价的考核细则，边实践边改进。

同伴互助提能力。我校是芜湖市信息技术应用能力提升工程2.0的首批试点单位，项目作品要求特别规范。因为人员分散，接到这个任务时我们倍感压力。学校科学谋划，办公室和教导处通力合作，定培训方案，定能力点选择，采用"3+1"探究模式开展学习培训和考核。我们采用了教研组、办公室同伴互助的方式，各学科教研组均围绕信息技术主题开展了培训讲座、信息教育优秀课例展示、微课评比、信息技术微能力点作业辅导等活动。老师们互帮互助，互相学习，相互带动，共同提高。虽然时间紧、任务重、要求高，但在大家的努力下，前后历时三个月，全校教师均圆满完成了信息技术应用能力提升工程2.0的各项任务，教师们都切实感受到了信息技术给教学带来的便利，更积极主动地将其融入日常教学中。本学期，我们还将指导区内其他8所兄弟学校完成该项工作，希望使更多学校教师的信息技术能力水平得到进一步提升。

四、校区联动搭平台，同伴互助提能力

三个校区的师资水平是有差异的，新校区新进青年教师居多。为了加强集团学校的整体教学科研水平，学校整合优质资源，开展骨干教师支教，行政交流、轮岗活动。学校在每年教师节隆重举行师徒结对仪式，让集团校的每位青年教师都有一位优秀的师傅进行传、帮、带，其中很多指导教师是跨校区带徒弟。学校对师傅和徒弟听课、评课，指导教学等方面都提出了具体的要求，学期结束上交过程性材料，确保师徒结对有实效。每学期各教研组至少组织两次本部校区和分校区的手拉手教研活动，形式有研讨课交流、教学论坛、专题学习研讨、课题实验研究、论文交流等。不仅有线下教研集团校联动，还牵手云端，开展线上研讨。上学期行政、教研组长跨校区听课42次，集团联动骨干教师上示范课18节，教研组校区联合教研16次。我们还跨省与兄弟地市的学校共同组织开展教科研活动，给青年教师搭建成长的平台。各学科的教研活动既有规定动作（如学校教导处牵头组织的板书设计、作业设计、命题设计比赛等），也有特色活动（如体育组的区级公开课同课异构，美术组的专业教学技能培训）。通过丰富多彩的教科研活动，同伴互助，促进教师的专业发展和能力素养的共同提升。

科研节师生展风采。每年4至5月，学校举行科研节系列活动，包括"青蓝杯"教学技能比赛、专家引领讲座、骨干教师示范课、各学科学生竞赛、班级足球联赛、校达标运动会、校园吉尼斯系列活动，每年科研节都会举行的"青蓝杯"教学技能比赛，要求师徒共同参赛，以检验师徒结对的成果。近三年内上岗且未获得区级以上课堂教学评比获奖的青年教师，进行课堂教学展示，青年教师的课堂表现占评比总分值的50%。指导教师全程参与徒弟的赛前磨课活动，至少听评2课时（要求记录详实、准确，每课有点评、总评），并填写《指导记录表》上交教

导处，师傅的指导占评比总分值的50%。"青蓝杯"教学技能比赛开展六年来，一批又一批青年教师从中脱颖而出，走出学校、走向全国，在各级各类比赛中取得了优异的成绩，专业发展得到了长足的进步。

仅近几年，何香娟获2017年安徽省第一届校园读书创作活动一等奖，包倩茹获2018年新媒体新技术教学应用研讨会暨第十一届全国中小学创新课堂教学实践观摩活动一等奖，许静竞获2018年安徽省中小学实验教学说课大赛二等奖，韩丹获2018年安徽省第三届微课大赛三等奖，冯舒荃获2018年第十六届全国中小学信息技术创新与实践活动决赛一等奖，陶晓桐获2019年全国中小学信息技术创新与实践大赛特等奖，褚瑶获2019年度全国教师信息素养提升现场交流活动"智慧课堂"名师优课展评一等奖，刘心如获2019年芜湖市小学音乐学科优质课评比一等奖、音乐教师基本功比赛一等奖，王亚成2019年芜湖市小学美术学科优质课评比二等奖，孙晶、王媛、唐莹、胡玉婷、吴玉静、宋悦获安徽省"一师一优课、一课一名师"活动省级优课。论文及其他各类奖项超百人次。

五、开设阳光课程，助推学生快乐成长

学校将特色活动、社会资源和家庭教育资源按照课程的方式创造性地进行整合和管理，构建基础性、拓展性、实践性为一体的阳光课程体系，以满足学生不同认知需求，打造适宜学生成长的生命乐园。学校遵循"让每个孩子阳光健康的成长"理念，系统构建起着眼于奠基学生可持续发展的基础性课程——快乐学习，适应与满足学生多样化发展和个性化发展的拓展性课程——快乐周五，着力于学生创造性学力和精神感召力的实践性课程——快乐实践，进一步优化"阳光课程"体系的实施。在光华星城校区，构建了"悦"课程体系，即悦读（基础课程）、悦行（实践和拓展课程）、悦心（德育课程），官河校区的"山水"课程

（正在开发中），使课程具有广阔的适应性、丰富的层次性、灵活的选择性，共同作用于学生的全面发展与个性发展。

1."快乐学习"奠基"基础性学力"。

我们努力将地方课程校本化，如写字课程，本部是学校的专职教师，分部邀请书法专家利用每周一次的快乐课堂时间上公益课。国学经典课程扎实开展，教师自编校本教材，每周坚持开设经典诵读课程，指导学生参加经典诵读比赛，并多次荣获一等奖和第一名。每年比赛均以五年级师生为主，艺术组教师配合指导，"千秋国粹诗韵笙歌"、2019年"传承爱国情追梦少年心"获芜湖市中小学生经典诵读评选活动一等奖，2020年"二十四节气之七十二候"获芜湖市中小学经典诵读评选活动一等奖、安徽省赛区小学组二等奖。在一年级体育课中开设象棋课程，邀请校外专家授课，每年开展"小小棋王争霸赛"等活动，二年级短式网球、三年级击剑（射击）、四年级啦啦操、五年级篮球、六年级排球等，探索国家课程的校本化实施。足球作为学校"校园吉尼斯"集体类竞技项目，三年级以上每班都有足球队，都聘请了家长志愿者担任教练员，每年有校级联赛，所以未做课程安排。

学校推进实施素质教育，落实减负要求，树立"大作业"的概念，将实践性、探究性作业纳入作业改革的范畴和视野，开展了绿色作业日活动。每周三分学科布置实践性作业。例如：语文绿色作业家庭读书分享会，英语完成英语配音作品，音乐课戏曲欣赏与身段模仿，道德与法治课给长辈洗脚，劳动课洗衣叠被、做饭摘菜……绿色作业日活动的开展引导教师革新教学模式，打造高效课堂，建立科学的学生评价体系，减负增效，科学指导学生提高学习效能，促进学生全面成长。

2."快乐周五"培育"发展性学力"。

学校开设了"不背书包的快乐周五"，开设涵盖体育、艺术、科技等60多门特色活动课程，学生心情放松地参加丰富多彩、科学健康、生动活泼的课程活动，不仅提高孩子们运动能力、艺术和科学素养，还能够帮助他们形成乐观的生活态度和健全的人格，促进学生健康成长全面发展。快乐周五课程从选修课程和俱乐部课程两线展开，培养学生兴趣爱好和个性特长，形成了多项传统优势项目与特色，在省内外比赛和表演中崭露头角、成果卓越。

3."快乐实践"，孕育"创造性学力"。

学校通过摸索和实践，逐步形成了"校园吉尼斯""家长进课堂"主题实践日、阳光体育大课间以及校外亲子实践等一系列探究性课程。让学生在发现、探究和解决问题中获得积极的情感体验，促进创新意识、创新思维及创新能力的发展，凸显了"精神成长力"。

"奔向明天"大课间阳光体育运动是学校在深化素质教育和特色办学过程中于2000年开始实施的一项特色体育活动。作为安徽省第一所开展大课间体育活动的学校，我们已经顺利实施了以"校园篇""民族篇""活力篇"为主题的三套活动，为大课间体育活动在全省迅速推广做出了贡献。现在针对运动场地紧张的情况，学校体艺组教师自主编创了四套两版运动操（武术操、戏曲操、啦啦操、整理操），雨天使用室内版本。将体育运动与传统文化有机结合，受到孩子们的喜爱。

为达到学生全面发展和个性健全的目标，促进家校共育，提高家长参与学校育人工作的意识，学校"家长进课堂"课程活动已开展了十年，效果显著，既弥补了学校现有教育资源的不足，也促进了学生智力和非智力因素的培养。该项课程活动荣获"安徽省德育百校行特等奖"。

课程的融合与统整正在尝试中，比如我们的科学种植、绿色作业、阅读与电影等。电影课上，我们按低、中、高三个年龄段（低年龄段为小学一年级，中年龄段为二年级至五年级，高年龄段为六年级），针对每个年龄段，"每月一主题"进行推介：影片信息、影片欣赏、教育要点、相关音乐、影片原著等。

六、传统活动，激励学生挑战

始创于1995年的校园吉尼斯活动，以"培养学生自主精神，开发学生创新潜能"为主旨，多一把评价的尺子，就多一批创新的人才。

刷新原有纪录，挑战创新项目，获得荣誉奖章，一年一度的校园吉尼斯活动是芜湖市师范学校附属小学孩子们的最爱。每个孩子都是潜力股，只要是能够想到的、安全有意义、能够进行量化的，就可以积极申报和挑战"校园之最"；只要是申报该项目里最好的、最棒的，在"六一"前夕就有机会获得金灿灿的校园吉尼斯奖牌。勇于挑战自我，尽显所有本领，吉尼斯陪伴孩子们快乐成长，教会他们积极向上，引领孩子们超越自己，以拼搏成就精彩，用努力创造奇迹。

七、探索乐考，体验成功喜悦

为了让期末测评更符合低学段学生的年龄特点和心理需求，遵循小学教育的基本规律和小学生的身心发展特点，我校在一、二年级实施了期末"阳光乐考嘉年华"活动，增加体验，发展智力，培养能力，促进学生身心和谐发展。乐考的形式主要为游园闯关、情境游戏式答题。一、二年级的小朋友们手持乐考卡，有序地走进各乐考教室。一年级小朋友有"最美的声音、最快的小手、最棒的体魄、最亮的眼睛、最强的大脑、最灵的耳朵、最巧的小嘴"，二年级"识字小明星""朗读小达人""记忆小超人""口算达人""我说你拨""解决问题"等新颖、有趣的挑战项目融口语交际、识字、思维等为一体，整个乐考过程充满趣味，孩子们不仅收获了知识、尝试了探究，更体验了成功的喜悦。

八、综合评价，实现五育并举

学校自主设计的《学生综合素质评价手册》（芜湖市师范学校附属小学版），明确了"全面评价"和"重过程评价、轻结果评价"的指导思想。《学生综合素质评价手册》由五个板块构成，分别是"我的名片""我的学校""德育评价""学科评价""学业水平"。其中"德育评价"将学校特有的"阳光成长储蓄银行"与学生日常行为规范评价进行了整合，全面反映学生综合素质与学习能力的发展水平。"学科评价""学业水平"依据各学科的课程标准，科学设置评价维度，强调了学生、教师、家长的广泛参与，修订后的评价手册体现了一棵小苗从"破土"到"擎天"的成长历程，全面反映学生综合素质与学习能力的发展水平。多元的评价，留下孩子们在阳光下成长足迹，让孩子们的生命更精彩，朝着梦想自信前行。

近几年，在硬件条件不足、师资力量分散的情况下，学校发展势头依然强劲。学校各项管理工作和谐有序，成绩显著，办学特色进一步鲜明，获得全国和省区市近百项荣誉。我们将继续发扬团队文化，坚持课程创新，秉着让每个孩子阳光健康成长的理念，实现师生共同发展，谱写新的教育篇章。

培育和践行社会主义核心价值观的实践探索

"赭色双峰拥古塔，宛如玛瑙饰奇葩。"秀美灵气、天地人和的美丽江城芜湖市中心，坐落着一所历史悠久、底蕴深厚的学校——芜湖市师范学校附属小学。学校始建于1964年，这所校园时刻充盈着自然美妙、强健舒展的生命张力。在这里，每个孩子的生命灿若阳光。

在传承学校历史文化的基础上，学校将"雷锋精神代代传"作为校园的精神名片，融入学校的德育工作中，通过对现代教育的思考，挖掘梳理并践行着"阳光生命教育"的办学理念，构成推动学校不断创新发展的文化体系，并创建了"向日葵德育"评价体系。向日葵是阳光，是活力，是自信，更是希望。我们通过"向日葵德育"评价体系，回归教育本真，用丰富多彩的润德活动、精心组织的阳光课堂、多方参与的社会联动，激发和调动学生学习社会主义核心价值观的积极性和主动性，做到真学、真信、真懂、真用，让社会主义核心价值观真正成为学生成长路上的思想明灯。

一、以"雷锋精神"为魂，浸润培育社会主义核心价值观

"学习雷锋、奉献他人、提升自己"是志愿服务的理念。大力弘扬"奉献、友爱、互助、进步"的志愿者精神，是社会主义核心价值观的体现，是人类文明的进步，对推动形成良好社会氛围和融洽人际关系，

构建社会主义和谐社会，具有非常重要的意义。36年，位于校门口的雷锋铜像成了学校一道独特的校园风景线；36年，薪火相传，我们在执着地坚守延伸雷锋精神的新时代内涵；36年，立德树人，雷锋精神已经在芜湖市师范学校附属小学的土地上生根、发芽，鞭策着一代又一代附小师生励精图治、不断求索。

我校多年来力求把学雷锋活动落到细处、落到实处，从学生的思想道德品质抓起，将学雷锋活动和文明礼仪、良好习惯、学习品质教育活动相结合，力求改变学生的精神面貌，为学生终身可持续发展打下坚实的基础、埋下希望的种子。

（一）传承伟大精神，领悟"爱"的真谛

学习雷锋好榜样，经典歌曲我会唱；听雷锋故事，学雷锋精神；摘录雷锋日记，小组制定学习雷锋行动策划书……这一篇篇日记，一份份策划书，一幅幅绘画作品，都是每年我校根据不同年级孩子的实际情况进行分层次开展的学雷锋主题教育活动，校园内掀起了学雷锋的热潮。

干休所里，军长许元选爷爷正在给孩子们讲述着雷锋的事迹，生动的讲述把孩子们带回那段难忘的岁月；社区的会议室里，关工委的齐汉英爷爷摆事实、讲道理，作为少年儿童，如何学习雷锋，怎样做一个"四有"好少年；学校的雷锋铜像旁，芜湖市雷锋同志先进模范事迹展览馆讲解员、关工委常务副主任张龙云奶奶向大家讲述他们那代人心中的雷锋形象，让孩子们真切感受到雷锋"毫不利己、专门利人"的奉献精神。这些活动的开展带领孩子们走近雷锋，寻找雷锋的足迹，了解雷锋的感人事迹，体验雷锋的伟大精神，共同领悟"爱"的真谛。

（二）开展志愿服务，体验健康成长

孩子们被雷锋的高尚品格和崇高精神深深感染，纷纷用实际行动践行雷锋精神。爱心小使者们来到培智学校，和那里的孩子开展手拉手互

助活动；联系贫困的孤寡老人，为他们分发慰问品，孩子们表演精心准备的节目；炎炎夏日，又来到消防队为叔叔们送去一份清凉；为帮助身患残疾的女作家朱麟洁大姐姐，自发组织在步行街进行图书义卖；面对学校分部身患白血病的婷婷小朋友，孩子们捐出自己的零用钱，最终将两次捐款所得169122.7元转交至婷婷同学手中；"环保小卫士"小手拉大手，共同呼吁爱护水资源、珍惜水资源。小卫士们在安徽省第32个"爱鸟周"活动启动仪式上向全市人民发出倡议，人人争当"护鸟使者"，美好安徽让鸟儿自由飞翔。孩子们自己撰写策划书，印制宣传单，拉起横幅，向过往市民宣传白色污染和废旧电池的危害，和环卫叔叔阿姨们一起清扫马路……雷锋的精神吹遍城市的每一个角落，社区中、公园里、广场上、田地间，……到处都是附小小雷锋的身影。

（三）弘扬雷锋精神，树立身边典型

学校注重树立校内典型，收集优秀事例，对活动开展的优秀班级授予"雷锋班级"称号，对于在活动中表现突出的同学授予"校园小雷锋""美德少年"的光荣称号。让孩子们深切地感受到雷锋就在我们身边，人人皆可为雷锋，人人皆可为社会理想的实现添砖加瓦。

二、以"阳光银行"为翼，引领践行社会主义核心价值观

如何对学生的品行进行长期有效的引导，将社会主义核心价值观融入到日常教育之中，我校推出了"阳光成长储蓄银行"活动。

阳光银行，是储蓄学生良好道德行为习惯的银行，与普通银行不一样，"阳光银行"储存的不是金钱，而是学生综合表现量化而成的"阳光币"，是一种"道德资产"。学校仿照银行的形式，学生把自己在班级和学校的优秀道德行为兑换成一定的阳光币，存入"阳光银行"。如有不良的行为习惯，反之将消费一定的阳光币。同时引入银行运作理念，

以学校少先队大队为总行，各中队为支行进行管理，为学生的成长提供另一种平台，让他们从小有责任意识，懂得从小事做起，为别人服务，为集体争光。目的在于通过学校和班主任及老师们的共同努力，将社会主义核心价值观融入日常教育之中，进一步规范学生的日常行为，培养学生良好的思想道德品质。

（一）"阳光银行"管理开启学校德育工作的新模式

1.建立银行运营系统组织架构。

学校成立学生"阳光银行"办公室（大队部），为"阳光银行"提供办公场地，同时提供必要的指导和服务。"阳光银行"由"总行"及各班级"分行"组成，其中"总行"设"总行长"（大队辅导员），各班级支行设"行长"（班主任），"副行长""监督员""储蓄员"，由班级小干部担任。

2."阳光银行"的管理。

"阳光银行"由学生自行管理，其章程、工作细则、"储户须知"等相关规章、制度都是由学生和老师商讨起草完成。"阳光银行"的工作职务都由学生来担任。"阳光银行"所吸收的"存款"是学生思想道德上的每一点进步事迹，每一次诚信行为，这些都可以"存"到这个银行里。在"存"的同时，也可以"取"。"储户"可用消费一定数额的阳光币来完成自己的心愿，可向所在"支行"的行长提出申请，"支行行长"根据"储户"存储信息，安排"储户"向学校的"阳光银行"办公室提交申请，为其提供服务或帮助。

3.制作发放《阳光银行储蓄存折》。

仿制银行存折，"阳光银行"发给每位"储户"一本《阳光银行储蓄存折》，将学生的道德表现视作"资金"，根据表现在"银行"内流动。

4.《阳光银行储蓄存折》的记载。

学生把做过的好人好事记到"存折"上，由"储蓄员"计分并记录。反之则减分并作出详细记录。

5."阳光银行"的考核。

（1）班级考核：由学校护导行政、护导教师、少先队组成考核组，根据班级"阳光银行"活动开展情况以及行为规范执行情况，采取优加劣扣的办法，每月对各班"阳光银行"支行进行星级评定。

（2）个人考核：在每周一下午的"阳光"班队会上，各支行副行长对"资金"的发放、收支等情况及时向全体"储户"汇报。

每学期末，将每位"储户"的具体情况填入《储户收支明细清单》中，予以公布。

每学期初，将班级"阳光币"总金额前两名上报至总行，授予"阳光小富翁"称号，不仅在学校的宣传橱窗内登载照片，同时在开学典礼上进行公开表彰和奖励。在"物质奖励"的同时更注重精神奖励。学校总行也会帮助这些阳光小富翁们一一实现他们的愿望，"我想和校长谈谈心、春游妈妈能和同行吗？我想要一本《十万个为什么》，上面有赵校长的签名和寄语；教导主任能带我到分校去参观一次吗"……

（二）"阳光银行"成为学生完善自我品行的平台

学生通过自己喜欢的方式，努力赚取"阳光币"，从中学到为人处世之道，养成良好的生活习惯。同时，"阳光银行"也为老师提供了一个有效载体，方便和学生沟通，规范学生的日常行为。本质上来说，"阳光银行"是学校教育学生积极行善的一种方式和手段，因为新鲜真实、因为将学生当成了主体，激发了学生的参与热情，也成了推进学生崇尚规则、追求良德，完善自我品行的一个平台，促使学生在完成学习任务的同时，分辨是非、培养道德、健康成长。

其实，现实社会既是一个大熔炉，更是一个"阳光银行"，人们在该行储存了怎么样的"道德资产"，其"道德存折"上都将有真实反映。同理，学校的"阳光银行"只是人生"阳光银行"的缩小版，其对于学生来说，具有非常重大的实践意义，虽然仅属于一种平和的倡导，但依然蕴涵了人生之中"良品"的重要性和作用，为养成学生"良品"自觉打下坚实的人生观基础。

（三）"阳光银行"评价倡导教师廉洁从教，学生评优公开、公正

很多家长都有着期盼孩子获得成功，当上"优秀"的心理，让学校在"三好学生"评选、学生干部选拔等问题上难免被各种权势和利益包围，本应是公平公正的"三好学生"评选活动，就有可能被抹上各种功利的色彩。"阳光银行"的出现，很好地杜绝了这一现象的发生，一切评优评先，从平时的点滴累计，由阳光币来真实反映出学生的言行举止，使此类选拔活动公开、公正，真正"阳光"起来，真正体现社会主义核心价值观。

自从"阳光银行"开展以来，良好的班风日趋形成，好人好事蔚然成风，学生的精神面貌焕然一新。在互帮互助小组中，他们能够及时提醒行为不规范的学生，促使他们尽快跟上大部队。"阳光银行"活动的开展，为学生的成长提供了一个崭新的平台，让他们从小就有责任意识，树立正确的人生观，引导学生形成并践行着社会主义核心价值观。

"阳光银行"的开展使学生的品德培养得以具体细化，虽然"阳光银行"里的币值并不能与学生的道德品质完全画等号，但对班队德育工作却有了一个具体实施的抓手，对学生有了一个自我衡量、自我对比、自我约束的标准。学校通过开办"阳光成长储蓄银行"，涌现出了一批批认真学习、积极参与、遵守纪律、乐于助人、努力体验、尊敬师长的好队员。这样的评价体系能够规范学生日常行为，促进学生形成基础道德观念，并将国家层面的价值目标、社会层面的价值取向和公民个人层面的价值准则植根于自身的心灵，促进学生的全面发展。

三、以"阳光课堂"为根，多元深化社会主义核心价值观

学生在校的大部分时间，毕竟还在课堂接受教师的熏陶和指引，这是践行社会主义核心价值观的必要途径。我校将课程建设作为新课程改革实现教育目标的基本依托，致力于探求与时俱进、个性多彩、顺应学生身心发展需要的课程建设，严格执行国家课程计划，并努力构建校本德育课程体系，为学生的"阳光人生"奠定基础。

（一）开发教育资源，使家长的专业知识成为培育和践行社会主义核心价值观的外援课堂

学校教育，育人为本，立德树人、以德为先，充分挖掘多种课程资源以促进校本德育课程的实施已成为重中之重。而在资源开发过程中，家长已成为不可忽视的资源，其拥有不可替代的地位。作为芜湖市的一所优质学校，我校的家长资源十分丰富，家长的职业涉及社会的各行各业，其中不乏有高精尖人才、各行各业中的"状元"、专家，当然还有勤勤恳恳、默默奉献的普通劳动者。如何充分运用好家长这一丰富的教育资源，有效补充和支撑学校的教育，拓宽学生的视野，我们开展了"爸爸妈妈当老师"这一课程活动，充分挖掘家长的资源，利用家长自身的专业知识为学生"配餐"，让学生走进、了解三百六十行，使家长的知识成为培育和践行社会主义核心价值观的外援课堂。

1.发出"邀请函"。

为了使家长重视并热情于此项活动，也为了表达校方的诚意，学校以"邀请函"的形式向提供资源的家长发放邀请。"邀请函"上写明课程活动的时间、地点、人数、需要提供的支持等，家长对课程活动了然于胸。

2.制定"安排表"。

每个班"爸爸妈妈当老师"活动均有专人负责，由班主任老师和家长共同制定细致的教学方案和教学课件，并就课程开展的时间、地点、注意事项等做周密详实的安排，保证活动开展的安全性、有效性等。

3.记录"全程行"。

负责教师记录、收集整个活动的全程资料，对活动进行拍照、摄像，活动后收集好相关资料，进行视频的编辑，为课程的反思与改进提供可参考的详实资料，优秀课例收录进学校"家长进课堂"资源库。

4.撰写"新闻稿"。

每次活动负责教师都要撰写图文一体化的新闻稿，发布于学校的网站或剪辑成视频上传教育局信息网。

5.编排"精品课程"。

校本课程的开发过程中，我们根据家长资源，编写校本课程。这些内容有综合性的，也有主题性的。学校根据不同年级学生的特点，规划不同的内容，形成具有创新性的校本德育课程。

低年级"能力培养及道德实践类"：入夏的凉鞋、硬笔书法入门、彩纸变变变、舞蹈入门课、纸杯娃娃、做一个让别人喜欢的孩子、自己动手做小灯、拒绝浪费、手工制作帆船、正视挫折、管理压岁钱、共度植树节、走近足球、了解汽车的知识、学习插花、探索宇宙、如何区别服装面料、神奇的竹炭、制作寿司、团结就是力量、我们都是好朋友、贺卡的设计和制作。

中年级"社会实践及角色培养类"：亲近邮票、一起去广电中心、手拉手学雷锋、走进军营、节水你我他、美丽的滨江公园、我心中的解放军、与法同行、银行起源及理财知识、有趣的铁路知识、争做环保小卫士、我爱老师、认识钱币。

高年级"生活技能及行为规范养成类"：用电常识、我的生活我做主、生活技能大比拼、急救小常识、食物旅行、好习惯伴我成长、出行宝典、健康的牙齿、认识零食、手的卫生、正确的六步洗手法、健康保卫战、食品安全进校园、小学生电力安全、消防安全伴我行、预防传染病等。

开发利用家长资源，能够取社会之长，补学校教育之短，充分利用优秀家长资源来填补学校老师教育空缺，为培养"全面高素质"人才开拓更为广阔的空间与途径。真正为孩子们建一所更加宽敞的、没有校门的学校，让每一个老师和家长都成为"守护天使的天使"，培养学生们正确的人生观、价值观。

该项活动荣获安徽省优秀德育案例评选一等奖和安徽省德育百校行特等奖。

（二）整合教育资源，使"快乐周五"成为培育和践行社会主义核心价值观的教育阵地

为探索践行社会主义核心价值观的长效机制，培养学生自主能力、创新能力、促进学生全面发展，我校整合教育资源，推出了"快乐周五"社团课程，使"快乐周五"成为培育和践行社会主义核心价值观的又一教育阵地。

为了使"快乐周五"社团课程顺利开展，我校做了一系列精心准备，首先是在教师中发放意向调查表，征集教师的兴趣特长。在汇总和科学设置教师特长的基础上，学生根据自己的认知水平和兴趣爱好，提出需求填写意向表，通过师生双向意愿选择和优先项目录取的方法，将两个校区的学生合理安排于近60个特色社团中。

1.实现德育课程内容的多元化。

我们在全面调查征询的基础上，根据校内的资源结合校外的优秀教育资源，根据学生的年龄特征，开设了不同年级的"快乐周五"社团课程。如低年级：合唱、轮滑、围棋、象棋；中年级：足球、越剧、鼓号、书法、羽毛、健美操、吉他；高年级：机器人、科技创作、电脑绘

画、跆拳道、拉丁舞、古筝、主持人……。根据不同年龄阶段学生的需要开设不同的内容，真正实现了德育课程的多元化。

2.锻炼学生的综合素质和实践能力。

"快乐周五"社团开展的课程活动，学生充分体验到了学习的快乐。篮球、跆拳道社团的学生增强了身体素质，充分感受体育精神；机器人社团的学生在操作中提高动手和实践能力；科技创新社团则走出课堂，走出校园，每周在科技馆体验、感悟、实践，充分培养了孩子们的实践能力和创新能力。古筝、长笛、拉丁舞蹈社团的孩子们在艺术的海洋里徜徉，给追求艺术梦想的队员插上了飞翔的翅膀，全面提升思想道德素质和文学艺术修养。

"快乐周五"社团课程不仅有利于学生个性的形成和素质的提升，也为学生的发展赢得更加广阔的空间，使每个孩子幸福起步、阳光成长，为他们的终身发展奠定良好的基础。学生在快乐的社团课程中，体验社会主义核心价值观实实在在的意义，转化成自觉践行的行动，有力推动师生素质的全面提升和学校的长足发展。

学校课程管理架构力求保证基础又满足个性，既提升质量又发展兴趣，能面向全体又关注差异，并共同致力于实现学校的核心理念，创设适合每一个孩子的教育生态，让每一个孩子阳光健康地成长。

天空有了阳光，花儿更灿烂；校园有了阳光，生命更精彩！用阳光之心，育阳光之人，美丽的师范附小正奔跑在一条灿烂的阳光之路上！

储存一份美德　收获满园阳光

——"阳光成长储蓄银行"活动实践案例

一、案例背景

　　德智体美、德育为先。德育教育是学校工作重要的组成部分，只有把德育教育放在学校工作的首位，才能帮助学生树立正确的人生观和价值观。而"养成教育"是整体德育教育中非常重要的一个环节，其基本内涵和主要任务是通过有效的培养和训练来规范学生的行为习惯，养成良好的道德品行。虽然我们老师在平时的德育课中都强调学生的思想品德教育，但没有一个有效的载体。现在的学生与以前相比，意识独立，有自己的见解，接受新信息快，教育方式也要发生相应的变化。为此，我们开展了"阳光成长储蓄银行"活动，通过"储蓄"这种形式，有"储"有"取"，让学生在自己的阳光存折上留下日渐成长的足迹。

二、开展"阳光成长储蓄银行"活动的目的和意义

　　"阳光成长储蓄银行"是学校立足校本实际，结合课程改革开展的德育活动。借鉴银行机构的操作方法和理念，成立"阳光银行"，为每位学生办理一张"阳光存折"，根据学生的各种表现，兑换成相应的"阳光币"存入"存折"。当积分达到一定标准后，每月评选出班级的

"阳光小富翁"，每学期评选出学校的"阳光大富翁"，予以表彰和奖励，更多的是重视学生精神方面的奖励。其目的在于培养学生良好的道德行为习惯，提高学生的道德认识水平，使之成为自信、阳光、充满活力的学生。

1.新的教育方式——顺应时代和社会的发展。

这一活动突显了学校"阳光教育"体系的育人文化，深化了社会主义核心价值观，强化了《小学生日常行为规范》的训练，并使之成为全校学生普遍认同和自觉遵守的行为准则。教育学生从小树立公民道德意识，形成良好的道德行为习惯。由此不断创新学校德育工作，让师生在互为精神关怀者的氛围中共同享受教育，享受生活，享受进步，享受快乐，推动校园文化建设工作向纵深发展。

2.新的管理模式——突显主体地位，提高自主管理能力。

学校"阳光银行"从组建到管理，学校德育处制定总则，各班班主任根据总则，结合班级实际情况，指导学生自主制定存储和支付的细则，极大地调动了学生的积极性。"阳光银行"将活动的权利还给学生，不仅培养了学生的自主管理，更加突显了学生的主体地位。

3.新的教育探索——改变"学校道德教育缺乏实效性"的弊端。

传统的道德评定以操行等第百分制衡量，学校根据学生一个学期的在校表现，特别是学生的文化课成绩来主观评定学生的分数。学生思想品德教育形式相对来说比较单调、僵化，效果不够理想，要解决这一问题，就必须突破传统的教育模式，创建适应新形势需要的道德教育新模式。而"阳光银行"作为对传统评定方式的一种补充，无疑能够给予学生较为客观公正的评价，为学校道德教育找到全新的载体，是学校创新道德教育模式的一次积极尝试。

4.新的评价体系——倡导教师廉洁从教，学生评优工作公开、公正。

每年学校的"三好学生""美德少年"和"新时代好少年"评选活动中，家长期盼孩子能获得这些荣誉称号，难免有前来说情或是质疑结果的家长，使得原本应该公平公正的评选活动，就有可能被抹上各种功利公关的色彩，学校在这些问题上很难办。"阳光银行"的出现，很好地杜绝了这一现象的发生。用"阳光币"来作参考依据，评优过程也"晒"在阳光下，使此类选拔活动公开、公正，真正的"阳光"起来。

三、"阳光成长储蓄银行"活动的实施情况

学校组织全体教师认真学习"阳光银行"实施办法，利用开学典礼举行"阳光银行"启动仪式，让每位师生切实了解此项活动实施的步骤及方法。同时对班主任（支行行长）进行操作培训，帮助他们熟悉了解"阳光银行"工作，做好实施前的各项准备工作。

2014年9月1日，学校全面启动"阳光银行"实践活动。学校一年级新生每人领到一本"存折"，这本"存折"的封面呈金黄色，上面印着一朵朵盛开的向日葵和蓝色"阳光成长储蓄存折"字样。学生一个个都成了学校新学期开设的"阳光成长银行"的"客户"。学校印发了5枚、10枚、20枚和50枚不等的阳光币。

9月8日下午的班队会，试点年级进行第一次评价存取实践活动，每位学生"晒晒"自己的存折，副行长和监督员及时登记和督促，彼此明确相关责任，做到日日清、不多记、不漏记，做到评价的公平性和公正性。

9月30日，活动实施一个月后，为了确保让活动的实效性落到实处、落到细处，学校召开班主任座谈会，对各支行活动开展情况进行通报，积极听取各方的意见与建议，对活动实施过程中的部分环节进行调整，以便更加扎实地开展存取和评价工作，让其真正成为一个促成学生养成教育的有利抓手。从整体实施情况来看，教师已基本掌握了实施的全过程，为后期的深入实施打下坚实的基础。

四、班级聚焦（2014级7班）

在"储存一份美德收获满园阳光"口号的激励下，学生的储蓄热情高涨，更加关注自己的言行和表现，相互之间少了服装等方面的攀比，而是比起了存折上积累的阳光币数额。

开学初期，在民主自荐的前提下，班级选举了副行长、储蓄员、监督员，由他们负责储户们的道德积分。在相互监督的机制中，道德积分公平、公正、公开。

每周一，利用晨会课时间，评比发放"阳光币"，并且评比"周优秀储户"两名，请他们进行小结，充分利用榜样作用，让"周优秀储户"在下一周的学习生活中，给予其他"储户"尤其是暂时落后的"储户"以帮助，使他们尽早"致富脱贫"。

每月评比一次"月度优秀储户"，在此基础上，让他们交流自己的经验与不足，供同学们学习借鉴。学生也开展批评与自我批评，对于他们当中做得不足的，提醒他们有则改之，无则加勉。

在平时的"储蓄"与"消费"活动当中，班级制定了储蓄与消费细则，在总目标的指引下，制定出详细的分则。所有的评判都让学生自主进行，老师对于"阳光银行"积极参与指导，不能独断专行，控制学生的储蓄与消费。

班级支行积极将此活动积极创新、深化。

1.根据《阳光银行储蓄存折》的阳光币数额，评比出支行的"十佳储户"，并在班级支行予以表彰。

2.对于某一单项金额最多的"优秀储户"、学期首尾差额最大的"进步储户"，也在班级支行进行表彰。

3.受表彰的"储户"还会获得"VIP金卡"，在学校的各项活动中享受一定待遇，如可优先选择"快乐周五"特色课程等。

4. "支行长"每周必须找三名最低余额的"储户"，进行细致地了解和思想教育，连续四周最低者，"支行长"必须加强家校联系，与家长一起"会诊"，共同加以引导和指导，制订合理可行的"脱贫"方案，并对该"储户"的道德行为持续跟踪监管，直到该"储户"脱离"贫困线"。

5. 校方借此打造了学校、老师、家庭"三位一体"的教育理念，让家长也参与进来，每月50枚阳光币由家长进行自主支配，帮助家长在家中培养孩子自主学习以及生活自理能力，与学校的关系更加密切融洽。

其实，有不少道理并不是孩子们不明白，而是缺少一种看得见的约束和激励机制，往往在"知"与"行"的统一上发生了问题。学生良好品质要靠平时一点一滴的习惯养成，这正是儿童思想特征所决定了的。自从"阳光银行"推行以后，教师感到学生的教育工作好做了，一些平时表现反复较大的学生，自我约束能力明显增强了。学生小Y过去因纪律不好出了名，"阳光银行"刚实行时，他要倒扣分，成了"贫困户"。经过一年多来的努力，他开始慢慢改变了自己的毛病。他说："自己的表现怎么样，从'阳光存折'上一看就知道，和自己比、和别人比，心里都有了数，自己对自己就有了约束。"

五、实施"阳光成长储蓄银行"活动的成效

学校的"阳光银行"开张以来，一开始，操作上有许多亟待补充和完善的地方，在不断推行的过程中，我们一直进行调整和改进。经过六年的努力实践，这种新颖的教育方式，非常适合学生追求新事物的心理特点，受到学生和家长的普遍欢迎，调动了学生积极"储蓄"的热情，无论是在学校还是在家庭或者社会上，学生都更关注自己的言行和表现，相互间比较存折上积累的阳光币数额，这实际上是学生在传递向上

的风尚和正能量。在这种正能量的驱动下，学生的思想品德和行为规范也向健康的方向发展。

应该说，"阳光成长储蓄银行"活动的开展，为学生的成长提供了一种平台，让他们从小就有责任意识，学会自我约束、自我管理，懂得要从小事做起，为别人服务，为集体争光。在整个活动中，学生的诚信意识得到培养，学会与他人合作，争做"美德少年"的风气越来越浓。我们的愿景是：储存一份美德，收获满园阳光。让"阳光富翁"成为我们效仿的偶像，让"阳光少年"成为我们追求的目标！

附 录 二　名师课堂

《跳圆舞曲的小猫》

（人音版《音乐》二年级上册第5课）

一、教学目标

1.对比不同的乐段，引导学生辨别乐曲的速度、情绪的不同。

2.通过聆听、身体律动、编创歌词等方法，引导学生感受圆舞曲三拍子的节奏特点。

3.通过聆听、表演、歌唱、图谱等活动，正确把握乐曲的基本情绪，想象和观察能力得到提高。

二、教学重难点

重点：用不同的教学手段，感受圆舞曲的特点及小猫在乐曲中的不同音乐情绪。

难点：分清《跳圆舞曲的小猫》这首乐曲不同乐段表达的情感。

三、教学过程

（一）导入

1.播放音乐，和学生互动。

师：欢迎大家来到我的舞会，听，音乐响起来了，跟我一起舞起来吧！（邀请学生一起跳舞）

2.播放PPT，引入课题。

师：除了我们，还有一种小动物也来了（放课件），到底是谁参加了舞会？

（二）欣赏A段

1.初次欣赏，学生找小猫的叫声。

2.再次聆听，教师在黑板上画出小猫叫声的位置。

3.教师拉小提琴模拟猫叫的声音。

4.教唱。

①师生合作演唱，教师演唱旋律，学生唱小猫的叫声。

②教师画旋律线，同时教唱学生。

5.完整聆听A段，听一听，小猫在乐曲里一共演唱了几遍。

6.比较两个主题旋律。

7.教师表演小猫的舞蹈，邀请学生演唱。

8.给A段起名字，完整表演A段。

（三）欣赏B段

1.木鱼—互动。

①师：我们同学都是小舞蹈家呀，表演得真不错！

②师：音乐中有像"咻、咻"的声音一样，这是小猫在干什么呢？

生：……

师：你们想象力太丰富啦。我们再听一遍，同时思考一个问题：这段舞蹈跟小猫之前的舞蹈在情绪、速度上有什么变化吗？

2.对比A段和B段旋律。

3.画出旋律线。

师：我们和小猫一起来跳一遍转圈舞吧！

4.听A段是哪段舞蹈。

师：这段快乐的舞蹈后，你们听，小猫的舞步有什么变化？

生：……

教师总结。

5.结尾。

①师：可是，发生了一件什么事情打断了正在跳舞的小猫？

生：……

②师：我们听了小狗的叫声后，在原地学小猫逃走的样子，比比谁的造型摆得最好！

6.完整聆听乐曲。

师：让我们再次跟随它的舞步，完整地表演一遍这首乐曲吧！

（四）拓展

师：音乐真好听，小猫真可爱，这可不是一群普通的小猫哦，它们是会跳圆舞曲的小猫。今天，我想和我的好朋友小提琴一起，为大家演奏一首《G大调小步舞曲》，让我们再次领略舞曲的美妙吧！

（芜湖市师范学校附属小学　孙晶）

【教学评价】孙老师的《跳圆舞曲的小猫》给大家耳目一新的感觉。这是一首管弦乐曲，曲调诙谐幽默，各种管弦乐器表现出了十分热闹的场面，描绘出小猫天真活泼跳圆舞曲的模样。这节课让我记忆最深的是孙老师用小提琴"滑奏"的技巧，形象地模拟了小猫俏皮的叫声，引导学生一起来模仿小猫的叫声，让学生积极地参与到教学过程中来。

欣赏《跳圆舞曲的小猫》第一乐段，聆听的内容较多较难，孙老师将重点放在了感受这两段乐曲不同情绪的对比上，这样学生不仅容易掌握，也会从中感受到乐曲的乐趣与魅力。这首乐曲风格欢快活泼，受到二年级学生的欢迎，但由于低年级学生有效注意的时间有限，刚开始表现很活跃，后来慢慢沉寂，因此在欣赏第二乐段时，孙老师利用模样可爱的木鱼，让小猫和鱼联系了起来，从而调动起学生的兴趣。老师拿着的木鱼就像是诱饵，带领学生一起参与和感受乐曲中的节奏。

孙老师是芜湖市爱乐乐团的首席小提琴手，她把自己的音乐素养、对音乐的感受都呈现在这节课中，让我们和学生一直徜徉在美妙而有趣的乐曲当中。

《剃头大师》（第二课时）

（人教版统编教材《语文》三年级下册第19课）

一、教学目标

1.认识"剃、执"等10个生字，会写"表、胆"等12个字，会写"大师、表弟"等18个词语，理解"剃头大师、害人精"等词语意思。

2.默读课文，能说出老剃头师傅和"我"剃头过程的不同，能运用多种方法理解难懂的词语，能说出课文以"剃头大师"为题的理由。

3.感受童真、童趣，体会"我"给小沙剃头的内心感受。

二、教学重难点

重点：比较老剃头师傅和"我"给小沙剃头过程的不同，感受人物特点，体会字里行间流露出的童真与童趣。

难点：能说出课文以"剃头大师"为题的理由。

三、教学过程

（一）复习导入

1.出示本课词语（带拼音），请四位学生带读。

师：今天我们要继续学习第19课《剃头大师》，学习之前看看咱们班同学生字词掌握得怎么样，你们敢挑战吗？

2.去掉拼音，开火车带读。（评价）

3.提问：你认为什么是剃头大师？

师：我们的文章叫"剃头大师"，那你们认为什么是"剃头大师"呀？（师总结：剃头技术高超的剃头师傅）那书法写得特别好的老师就是？朗读特别棒的老师就是？（为后面铺垫）

4.文章中提到几位剃头大师？分别是谁？（板书：老师傅、"我"）

（二）初读课文

1.那谁是真正的剃头大师？

2.默读课文，找一找老师傅是如何给小沙剃头的？用横线画出来。"我"是如何给小沙剃头的？用波浪线画出来。

3.汇报交流。

①生：最痛苦的是，老师傅习惯用一把老掉牙的推剪，它常常会咬住一缕头发不放，让小沙吃尽苦头。这还不算，老师傅眼神差了点儿，总把碎头发掉在小沙的脖子里，痒得小沙咻咻笑。你想想，这一会儿痛一会儿痒的，跟受刑一样。

师：（拍掌呼应）哪些同学已经找到了？请你说一说。其他同学找到了吗？和他一样的请举手。你们真棒，老师傅总是用一把老掉牙的推剪，猜猜看，什么是老掉牙？（指名说）

②师解释，老掉牙就是指已经用了很久，现在不流行了，可以被淘汰的事物。我们一起来看看，这是老师傅的推剪，而我们现在用的都是这样的，那像这种（指图片）已经不流行的就可以称之为老掉牙。同学们，平时我们在遇到不懂的词语时，就可以通过猜一猜的方法来理解词语的意思。

③师：老师傅给小沙剃头可真有意思，那我们也来学一学老师傅剃头的样子好不好？老师也想玩，可不可以呀？这样子，我们分工一下，

我来读，你们把小沙和老师傅的动作和表情给演出来，你们会不会啊？但是注意，我有个要求，不能说话，你们能做到吗？请同学们分工一下，左边同学演老师傅，右边同学演小沙。你们准备好了吗？

我发现这一组同学演得很好，表情丰富而且没有说话。我看其他同学能不能像他们演得一样好，我要继续略。

你们演得太好啦，每位同学表情都很丰富，而且动作很顺畅，最重要的是遵守了课堂秩序，真是太棒啦！我们掌声鼓励一下自己。（评价）

④哎呀，小沙被老师傅这样剃头，难不难受啊？怪不得小沙说这种感觉像是——受刑一样。那你们能不能读出这种感受呢？

4.师：这是老师傅剃头时的样子，那"我"给小沙剃头时是什么样呢？

5.学生汇报。

①生：虽然以前没有干过这一行，可我好像有剃头的天分。我先把姑父的大睡衣给他围上，再摆出剃头师傅的架势，嚓嚓两剪刀，就剪下一堆头发。

②师：虽然"我"以前没有干过这一行，但我却摆出了剃头师傅的架势，那你们能不能把这种架势读出来呢？现在请你们自己小声地练一练，等会我们比一比看谁是咱们班的朗读大师。练读——指名读。

你读得真好，看来你是我们班的朗读大师。还有谁想读一读，这样吧，我们男女生比赛读，看看我们班男同学是大师还是女同学是大师。
（引导重点词：围上、摆出、架势、嚓嚓）

练读——男女生读。

评男生：你们读得太好了，仿佛让我感觉到有一群剃头大师在我面前，特别有架势，非常棒，请坐。女同学起立，看看你们怎么样。

评女生：看来咱们班女生也不甘示弱，声音响亮，吐字清晰，特别有大师的风范，也很优秀，请坐。

③师：还有哪些地方描写了"我"剃头时什么样？

④生：我觉得自己像个剃头大师，剪刀所到之处，头发纷纷飘落，真比那老剃头师傅还熟练。这儿一剪刀，那儿一剪刀，不一会儿，姑父的睡衣就像一张熊皮，上面落满了黑头发。

⑤师：现在，我比刚刚剃头时还熟练，谁能试试把这种熟练的样子读出来？指名读——生评——师评——齐读。你们觉得他读得怎么样？谁来评价一下？你真会评价，你还突出了"XX"的优点。那我们一起来读一读，预备起。

（三）再读课文

1.想想小沙在被老师傅剃头时有什么样的感受？用横线画出来。小沙在被"我"剃头时又有什么样的感受？用波浪线画出来。

①生：最让小沙耿耿于怀的是，每次剃完头，姑父还要付双倍的钱给"害人精"。

②理解"耿耿于怀"，利用查字典的方式去理解词语。（板书：查字典）

师：你们猜想一下，"耿耿于怀"是什么意思？如果我们遇到自己不懂的词也猜不到，那我们可以借助字典去理解词语的意思。老师帮你们查阅了"耿耿"的意思，你们看，这里有三种意思，你们认为哪种意思最贴切？真棒，没错，就是第三种。所以呀，同学们你们要记住，如果猜想不出词语的意思，我们就可以去查字典哦！

2."我"给小沙剃头时，他有什么感受？

①生：我还想稳住小沙，告诉他这是最时髦的发式，可他一照镜子，大叫一声，像见了鬼一样。

②练读出"见了鬼"一样的语气。（齐读）

③师：到底剪成什么样？怎么会像见了鬼一样？

④生：我剪掉了几根翘起的长发，又把头发修了修，可惜越修越糟，一些头发越剪越短，甚至露出了头皮。一眼望去，整个头上坑坑洼洼，耳朵边剪得小心，却像层层梯田。

⑤出示"梯田"图片，理解词语意思，想象小沙发型的样子。怪不得像"见了鬼"一样。（板书）

⑥师：哇，你们想象一下，（师读段落，出现图片）如果你是小沙，你有什么感受啊？

⑦再次尝试读出"见了鬼"的惊讶感情。齐读。

（四）感知课文

1.你们认为谁才是真正的"剃头大师"？四人一小组讨论，找出依据。

2.交流汇报。

生：老师傅，因为每次去剃头都要给老师傅双倍的钱。而"我"得不到报酬……

3.为什么文章要以"剃头大师"为题呢？

学生交流。

（五）扩展延伸

1.这样有趣的文章是选自秦文君的作品。介绍秦文君的相关资料以及作品。

2.请学生分享自己的儿童趣事。四人一小组先交流，再全班交流。

（芜湖市环城西路小学　周家馨）

【教学评价】周老师的这节课主要有以下特点：

1.突显了年段目标。《语文课程标准》对第三学段的阅读提出了明确的要求：默读有一定速度，默读一般读物每分钟不少于300字。学习浏览，扩大知识面，根据需要搜索信息。在本节课中，周老师安排了两次默读，并在默读中提出了明确的要求，在默读时要圈画关键词，做批注。对于这样的长篇，默读是一种非常必要的学习方式，最终达到了很好的教学效果。

2.突显了教材特点，半扶半放，抓重点词。课堂中以学生为主，教师为辅。始终都是教师抛出问题，让学生在读中解决问题，发现问题。如老剃头师傅和"我"给小沙剃头时的过程有什么不同？在学生充分默读、圈画后进行交流。

3.突显了本体特征。语文课就要充满浓浓的语文味，这是语文课堂教学改革之一。在课堂上，学生时而浏览课文，时而默读片段，时而在老师的引领下深情朗诵。特别是在理解为什么说"世界上再也没有比小沙更优秀的顾客了"，通过个别读、范读、师生对读、接读等多种形式的读，把教学推向了高潮。

周老师从本文的谋篇布局和文章语言方面引导学生感悟文章的同时，也有意识地抓住以上特点对学生渗透习作的指导。尤其是童趣十足的语言，学生通过各种形式的朗读，尽情地品味、感受，从而试图达到烂熟于心，进行运用的效果。这样来教课文，让学生从读中学读，从读中学写，收到了良好的效果。

《用字母表示数》（同课异构）

（人教版《数学》五年级上册第五单元第1课）

一、教学目标

1.知道符号可以表示确定的数，一定范围内的数及任何数，理解符号还可以表示一定的数量关系；感知符号表述数与数量关系的简明性；会进行符号与数字相乘的简写。

2.学生通过小组合作，探索具体问题中的数量关系和变化规律，并能用字母或含有字母的式子进行描述，建立初步的数感和符号意识，培养学生的代数思想，发展抽象思维。

3.感受数学符号的简洁美，进一步发展学生的数感、符号意识，感受数学文化的魅力。

二、教学重难点

重点：会用字母表示数和简单的数量关系。

难点：经历用字母表示数的抽象过程，体会字母表示数的意义，建立初步的数感和符号意识。

三、教学过程

（一）出示扑克牌，揭示课题，初步感知用字母可以表示数

1.同学们玩过扑克牌吗？教师出示扑克牌 J、Q、K，并问：大家认识它们吗？它们提问代表几？

（学生交流反馈）

师小结：J 代表 11，Q 代表 12，K 代表 13，看来某一个字母可以代表一个数。

2.揭题：在数学中，我们经常用字母表示数，今天这节课我们就一起来研究用字母表示数。（板书课题：用字母表示数）

3.看到课题，你有什么问题吗？（学生提问）

（说明：这一环节也可以先揭题、生提问、扑克牌、入新课）

（二）自主探究，体验为何要用字母表示数

1.师：数学课堂就是解决问题的地方，今天我们就带着这些问题来学习。假设你们今年的年龄是 10 岁，阿的老师比你们大 20 岁，怎样表示阿的老师的年龄？

生：10+20=30 岁

师：明年，你们 11 岁，阿的老师多少岁？

生：11+20，就是 31 岁。

师：你们 1 岁时，阿的老师的年龄是……

生：1+20，就是 21 岁。

师：你们 10 岁时，阿的老师的年龄，我们用（10+20）岁表示可以吗？

师：其实，10+20 也是一个结果，只是不是最终的结果，今天我们就用这样的方式来表示阿的老师的年龄。

师：我们再来，当你们 1 岁时？

生：阿的老师21岁。

师：非得要21岁，换个词？

生：1+20（岁）

师：7岁时，你们上学啦。

生：阿的老师7+20（岁）。

师：18岁时，你们上大学啦？

生：阿的老师18+20（岁）。

2.师：观察这些式子，你们发现了什么？

生：阿的老师长1岁，我们也长1岁。年龄差始终是20岁。

师：像这样还能写吗？（能）写得完吗？（写不完）

3.师：人的生命是有限的。怎样能表达阿的老师与你们的年龄差关系，能不能想一种能让大家一看就清楚、明白，也能体现我们之间任意一年年龄关系的式子？你想怎么写就怎么写。

（学生活动，老师收集生成资源并编号）

1号： A　　　　B

　　　学生　老师

2号：我们的年龄+20=阿的老师的年龄

3号：$n+20=m$

4号：（C+20）岁

师：先来看1号，你觉得怎么样？

生：不好。

师：1号的同学，你的A可以表示哪些数？B可以表示哪些数？

生1：可以是任何数。

师：那你问问他，A和B爱表示几就表示几，为什么不好？

生：1号看不出老师比我们大20岁。

师：数学就是表达数量关系的，1号看不出老师与你们的年龄关系。

2号怎么样？

生：2号表示得清楚，但就是有点麻烦。

师：3号和4号，你更喜欢谁？

生：喜欢4号，3号有点不懂。

师：3号中的N+20表示谁的年龄？M又表示谁的年龄？

生：都表示老师的年龄，说明重复了。

师：4号中，当C可以是1岁、5岁、50岁时，C是一个变化的量，C可以是200岁吗？（不能）人的生命是有限的，在具体情况下，C是有取值范围的。C+20看出什么来了？

生：看出了老师的年龄，还有老师的年龄与自己年龄的差距。

师：用字母表示可以看出一个数量的结果，还可以看出两个数量的关系。（板书：1.一个数量的结果，2.两个数量的关系）现在对字母表示数有感觉了吗？（有）

（三）深入探究，怎样用字母表示数

1.出示例4：在月球上，人能举起物体的质量是地球的6倍。

假设人在地球上能举起1千克的物体，在月球上能举起多重的物体呢？

生：6千克。

假设人在地球上能举起2千克的物体，在月球上能举起多重的物体呢？

生：12千克。

师：换个写法。

生：（2×6）千克。

师：人在地球上举起3千克、5千克、6千克、100千克、101千克、300千克、596千克、1000千克，在月球上分别是多少千克呢？（生板演：3×6、5×6、6×6……）

2.师：你受得了吗？受不了就想办法，受得了就继续写，1001千克……

生：我想到办法了，写X×6（千克）。

师：X表示什么？

生：任意千克。

师：X个6是多少？

生：X×6

师：X×6表示什么？

生：人在地球上能举起X千克的物体，在月球上能举起X×6千克的物体。

师：从中还可以看出什么？

生：人在月球上能举起的物体质量是地球的6倍。

3.小结：X×6既表达了人在月球上能举起的物体质量，还表达了人在月球上能举起的物体质量是地球的6倍这样一种关系。

4.出示2：有两个会场，甲会场有a人，数学是要研究关系的，乙会场跟甲会场的关系（如下），听并写算式：

①乙会场比甲会场多200人

②甲会场比乙会场多200人

③乙会场是甲会场的3倍

④甲会场是乙会场的3倍

列式：a+200　a−200　a×3　a÷3

师：这些式子都表示什么？

生：乙会场的人数。

师：还看出了什么？

生：甲、乙两个会场人数之间的关系。

5.小结：今天研究的字母既可以表示一个结果，又可以表示两个量之间的关系。

（四）实际应用，再次感悟用字母表示数的优势：

1.出示青蛙歌：1只青蛙1张嘴，2只眼睛4条腿。

2只青蛙2张嘴，4只眼睛8条腿。

3只青蛙3张嘴，6只眼睛12条腿。……

（　）只青蛙（　）张嘴，（　）只眼睛（　）条腿。继续说下去能，说得完吗？能否用今天学的知识将青蛙只数与嘴巴的张数、眼睛的只数和腿的条数表达出来，既能表达结果，又能表达两者之间的关系。小组可以合作研究。

2.学生活动，收集结果，反馈交流。

生1：（a）只青蛙（b）张嘴，（c）只眼睛（d）条腿。

生2：（x）只青蛙（x）张嘴，（2x）只眼睛（4x）条腿。

师：你选择谁的，为什么？

生：2号，1号只表示了数量，不知道它们间的关系。

师：1号的（a）只青蛙（b）张嘴，（c）只眼睛（d）条腿。如果a是1，你知道这里的b、c、d分别是多少吗？

生1：我知道，如果a是1，那b=1、c=2、d=4。

师：你知道，从你的表示中，其他人能知道吗？（生1不语）

师：而从"（x）只青蛙（x）张嘴，（2x）只眼睛（4x）条腿"，假设X是1，其他的知不知道？

生1：知道，是（1）张嘴，（2）只眼睛（4）条腿，可以算出来。

师：现在大家是否明白，为什么（a）只青蛙（b）张嘴，（c）只眼睛（d）条腿，虽然a、b，c、d可以表示任意数，还是不行了呢？

生：他知道，我们不知道。

3.小结：数学是全人类交流的语言，少了关系就多了麻烦。

（五）课堂小结

师：通过今天这节课的学习，你想跟阿的老师说些什么呢？

（凉山州喜德县思源实验学校　阿的木呷）

【教学评价】阿的老师的这节课，我听了数遍，磨课的过程中，感觉他一直在不断进步，今天的教学过程充分和孩子交流互动，表现也可圈可点，要给他点一个大大的赞。这节课充分体现了：

1.创设学生熟悉的生活情境，使学生体会字母表示数的现实需要。

"用字母表示数"对学生来说比较抽象，课堂上，阿的老师不断提供给学生生活中常见的情景和具体事例，让他们在熟悉的环境中反复体会字母表示数的现实性。如利用学生熟悉并感兴趣的老师的年龄问题帮助学生不断从具体到抽象，从而理解可以用一个简明的式子（a+20）来表示老师的年龄。

2.注重对学生学习方法、学习习惯的培养。

教师在进行"猜年龄"活动时，有意识地设计了板书的排版，这样通过比较，学生能很明确并感受到用字母表示数的简洁性。本节课，阿的老师不断鼓励学生大胆发言，不要怕错，给学生的学习树立了信心。课的开始，揭题后，老师让学生自主提问，培养了学生的问题意识。

《用字母表示数》（同课异构）

（人教版《数学》五年级上册第五单元第1课）

一、教学目标

1.使学生在现实情景中理解用字母表示数的意义，初步掌握用字母表示数的方法；会用含有字母的式子表示数量。

2.使学生在理解含有字母式子的具体意义的基础上，会根据字母的取值，求含有字母式子的值。

3.在探索数量关系的过程中，体会用字母表示数的优越性，感受数学的简洁美。

4.渗透不完全归纳思想和代数思想，培养符号化意识，提高抽象和概括能力。

二、教学重难点

重点：理解用字母表示数的意义，会用字母表示数。

难点：会用含有字母的式子表示数量关系，并知道字母的取值范围。

三、教学过程

（一）创设情景，激趣导学

1.欣赏《字母歌》。

2.认识字母：a、b、c、m、n、x、y。

3.说说日常生活中在哪见过字母。

4.展示生活中常见的字母。

5.出示扑克牌，让学生按从小到大的顺序排列，并说明理由。

揭题：在数学世界里经常用字母表示数。这就是我们今天要研究的内容。（板书课题）

（二）自主探究，获取新知

1.通过扑克牌里的 J 表示 11，Q 表示 12，K 表示 13，引导学生了解用字母可以表示确定的数。

2.用"青蛙歌"引导学生用一句简明的语言把所有青蛙的嘴巴数量表达出来。

对比：用文字和字母表达（　）只青蛙（　）张嘴，用字母表示更简明、易记。（板书：简明、易记）

引导：这里的字母表示任意的自然数。

3.猜年龄的游戏。

（1）谈话、质疑、激趣。

（2）出示"老师比同学大 36 岁"，引导学生计算老师每一年的年龄。

（3）引导学生仔细观察这些式子，发现上面这些式子每个只能表示某一年老师的年龄。

（4）引导学生说说这里的式子不仅可以表示年龄的数量关系，还可以表示老师年龄的计算结果。

（5）提问：通过对比，发现什么变了？什么不变？为什么不变？

（6）出示任务一：能不能想个好办法，只用一句话或者一个式子就简明地表示出任何一年老师的年龄。

预设一：用文字表示，如：同学的年龄+36岁=老师的年龄

预设二：用字母表示，如：a+36=老师年龄

（7）交流优化。

师：你喜欢哪种表示方法？为什么？

小结：在数学中，我们经常用字母表示数。用字母表示数，既简洁，又具有概括性和普遍性。

（8）理解含义。

师：一定要用a表示同学的年龄吗？在这里，a表示什么？"a+36"又表示什么？

（9）概括提炼。

"a+36"不仅可以表示老师的年龄的结果，"a+36"还可以表示出老师比同学大36岁的数量关系。

（10）代入求值。

师：当a=20时，老师多少岁？

当a=20时，a+36=20+36=56

小结：求含有字母式子的值，要把字母替换成具体的数，再计算，一般不用写单位。

（11）出示任务二：设计一个自己的年龄，用规范的格式算一算老师的年龄。

①展示学生的作业，渗透范围。

当a变大时，a+36有什么变化？

预设：当a变大时，a+36也随着变大，爸爸的年龄随着同学年龄的变化而变化。

师：在a+36这个式子中，a还可以是任意数么？a能是200吗？为

什么？

②出示资料：世界上最长寿的人。

据吉尼斯世界纪录记载，有史以来最长寿的人是法国女人詹妮·路易·卡门。她生于1875年2月21日，于1997年8月4日去世，享年122岁零164天。

③小结：正因为人的寿命是有限的，所以字母a在这里所取的数值只能是人的寿命范围内的数。看来字母可以表示的数量要由实际情况来决定。用字母可以表示确定的数，有范围的任意数，用含有字母的式子不仅可以表示数量关系，还可以表示计算的结果。

（12）出示魔法盒，研究魔法盒的秘密：左边的数扩大8倍，引出字母与数字相乘的简写方法。

自学任务：阅读自学卡片，并尝试着完成省略乘号写算式。

检验活动：让学生将正确省略乘号的算式拖动到合适位置。

PK游戏找准正确的算式。

（13）出示。

任务三：将文字中的数量关系用含有字母的式子表示出来。

引导学生当字母等于确定值时，计算乘法的方法：将字母替换成数字时，乘号一定要还原。

（三）巩固练习

完成数学日记。

（四）课堂总结

在数学王国里，用字母表示数的最大优点是：简明，直观，以不变应万变。

（芜湖市师范学校附属小学　郭莉）

【教学评价】郭老师的这节课设计新颖，形式多样，学生在玩中学、在学中玩。上课开始时，老师利用扑克牌中的 J、Q、K 分别代表 11、12、13，引导学生了解用字母可以表示确定的数，学生学习兴趣浓厚，学起来也很轻松。后面练习中的猜年龄、魔法盒等环节，设计都很精巧。数学知识来源于生活，而又高于生活。课堂上，郭老师特别关注学生已有的生活经验，让学生自主探索知识。如：在猜年龄这个环节中，通过谈话激趣，出示"老师比同学们大 36 岁"，引导学生计算老师年龄，这个环节环环相扣、层层递进，从而帮助学生理解"a+36"表示的意义，让学生初步感受数学知识的生活来源。在接下来的教学内容和练习设计中，充分体现了生活化的数学知识，让学生在数学课堂上解决生活中的问题。

《赶圩归来啊哩哩（节选）》

（人音教《音乐》六年级上册第 2 课）

一、教学目标

1.感受彝族的音乐风格，学习简单的舞步，体验他们的风俗人情，增进对少数民族文化的理解、尊重和热爱。

2.能用活泼、亲切、富有弹性的声音和欢快、喜悦的情绪演唱歌曲。

3.学会用多声部的节奏为歌曲合奏，用多种形式的表演歌曲，培养创编能力及相互合作的能力。

二、教学重难点

重点：有感情地学唱歌曲，感受彝族音乐风格，拓宽民族文化视野。

难点：用多种形式为歌曲进行多声部的伴奏。

三、教学过程

（一）组织教学

1.播放《爱我中华》，师生共同律动进教室。

2.声势模拟，用搓掌、弹舌、击掌、拍击等方式营造变化多端的天气。

（二）新课教学

1.节奏游戏"照镜子"，学生模仿。

2.教师范唱"啊哩哩"，学生拍击节奏伴奏。

3.介绍彝族特有的称词，学生试唱《赶圩归来啊哩哩》。

4.出示"啊哩哩"处旋律线。

师：出现了几次？跳音还是连音？力度？

用不同的表现手法演唱"啊哩哩"。

完整演唱全曲。师生接唱—分组对唱—男女对唱—全体演唱。

（三）编创教学

1.引子部分。

教师：随学生节奏唱"日落西山吧~散了圩喽吧~欢欢喜喜吧~回家去啰吧！"（可以用打击乐、沙锤等伴奏模拟）

2.主歌部分：彝族节奏（说唱、欢快）。

3.副歌部分：分享喜悦（附点、休止）互送送祝福。

4.副歌再现：狂欢火把。

（芜湖市育红小学　查斐）

【教学评价】《赶圩归来啊哩哩》是一首彝族歌曲，歌曲生动地表现了彝族姑娘赶集归来路上嬉戏欢笑、愉快歌唱的欢乐场面。查老师穿了一件带有少数民族风格的衣服，从视觉上就让人有代入感。

一开始上课时，查老师扎实的声乐功底让人瞬间进入歌曲的音乐氛围中，学生不自觉地跟着老师轻声唱了起来。这首歌曲的难点是有大量的十六分音符，不容易演唱。查老师在解决这个难点时没有着急，而是循序渐进，由浅入深，运用各种游戏的方法，让学生在玩中慢慢学会演唱。在上课的过程中，查老师很关注每位学生的发言，不管问题回答得如何，都会给鼓励性的评语。在后面的拓展部分，通过观看彝族篝火晚会的视频，激发学生的积极性，全体学生在歌声中结束了这首歌曲。

《生活日用品的联想》

（人美版《美术》四年级上册第14课）

一、教学目标

1.根据生活日用品的不同外形展开联想。初步了解联想的方法，大胆运用绘画和拼贴等方法进行表现，提高学生的观察能力，激发学生的创作热情。

2.通过科技手段设计游戏、联想讨论和竞赛环节，激发学生的学习兴趣，引导学生自主探究联想的方法。通过教师引导和白板演示等方法，帮助学生在欣赏、探究中感受联想的奇妙，在创作和评价中体会创新的乐趣。

3.感受丰富的联想和大胆的表现给人带来的乐趣，教育学生关注生活，热爱生活。

二、教学重难点

重点：体会联想的无情乐趣。

难点：学会表达自己的想法。

三、教学过程

（一）导入

师：小朋友们好！今天桃子老师想带大家去一个漂亮的杂货铺，一起去看一看吧。

哎？仔细听，是谁在角落里不开心呢？啊，原来是一个小勺子，他说呀："我的小主人因为网店生意不好，整天闷闷不乐，大家都说是因为物品太单调了，那我们到底该怎么改变自己呀？"

哎呀！小勺子和小伙伴们可着急了，同学们能帮他出出主意么？

（二）新授

1. 初步感知。

（播放小勺子录音：同学们的想法真有趣，先带大家来网店里认识一下我的朋友们吧）

师：小勺子调皮的朋友藏在了盒子里，猜一猜他们是谁呢？仔细听哦，让我们看一看，你知道他们是什么了吗？

认识了小勺子的朋友们，现在她想要考考大家，请同学们迅速找出屏幕中的生活日用品。我们邀请两位同学上台挑战，比一比谁的速度快。（打开班级授课助手，随机挑选两名同学上台游戏）

师：这两位同学表现都很棒，反应也很迅速，老师奖励你们一人一个小奖章。

原来呀，家居用品、学习用具以及洗漱用品都属于生活日用品。

2. 发散思维。

师：我们一起来开动脑筋想一想，生活日用品可以怎么样变得多姿多彩呢？（播放小勺子录音：同学们真棒，我们来看看以前的联欢会找一找灵感吧）

（播放视频）老师有个小小的要求哦，在播放的时候，请你们跟老师一起截出漂亮的日用品。你们说"好",老师就截图保存下来。现在,开始!

3.基本形联想。

(播放小勺子录音:了解了这么多知识,现在就请同学们帮助我打扮一下吧)

师:老师想邀请一名同学上台,带领大家一起看看小勺子的不同面,共同展开联想,有没有同学自告奋勇上来做一名小老师的?

同学们设想得都非常棒,让我们来看看小勺子的变化吧!

4.复合形联想。

师:快看,小勺子和伙伴们又藏起来了,去找找他们吧。

(放大镜小游戏)

先来看看第一张图,你们找到小勺子了吗?

同学们真的太厉害了,下面一幅图老师想交给你们,自己找一找勺子的踪迹。

被大家找到的小勺子带来了许多好朋友,你们可以将他们拼接起来,成为一个新的图案吗?

(三)艺术实践

(播放小勺子录音:我的小伙伴们也想跟我一起变得更漂亮,你们愿意继续帮助我们吗)

师:我发现同学们都迫不及待拿出了你们的材料包,想要帮助小勺子和他的朋友们,别着急,让我们先来看看艺术家们的创想吧。

哇哦,艺术家们的作品真棒!老师相信同学们也都是小小的艺术家,可以创作出更棒的作品,有没有信心?

非常好!下面听清楚老师的要求哦。请一位同学来到大屏幕上进行创作,其他同学可以拿出材料包,把自己的日用品打扮得更漂亮。哪位同学愿意上台进行创作?

(艺术实践过程中利用同屏进行展示。)

（四）展示评价

（播放小勺子录音：真好看呀！你们觉得，谁的设计最棒呢）

（希沃授课助手上传图片作为背景）

师：云上超市正式营业！请同学们将自己的作品放到讲台上的货架上吧！哪位小设计师想上台给大家介绍一下自己的作品呢？

（五）拓展升华

除了日用品，生活中的废旧物品也可以变成精致有趣的艺术品哦！就像同学们今天既帮助了小勺子，又帮助了她的好朋友们一起变美，希望你们在以后的生活中有一双发现美的眼睛，让世界变得更加丰富多彩！

（芜湖市师范学校附属小学光华星城校区　陶晓桐）

【教学评价】陶老师这节课作为软件培训的实践使用课程，能充分运用班级优化大师，贯穿整个评价点名环节，有趣又生动的同时，进一步激发学生的学习热情，而同屏技术更是将艺术实践与展示评价更加完美的结合，师生互动、生生交流，奇思妙想、充满乐趣。

《小书包》（第一课时）

（人教版统编教材《语文》一年级上册第18课）

一、教学目标

1.通过实物对照、归类识记、形象记忆等方法，认识"书、包"等11个生字和包字头、单人旁、竹字头3个偏旁。会写"书本"两字。

2.正确朗读课文。知道学习用品的名称，了解它们的用处。

3.爱护文具，学着自己摆放文具，整理书包。

二、教学重难点

重点：学习11个生字，会写两个生字。

难点：了解文具是学习的伙伴，知道爱惜文具、会整理文具。

三、教学过程

（一）导入新课，学习生字"书""包"

1.引言：同学们，今天老师给大家带了一个小礼物——书包。

2.学习"书"字：书包里装了许多的书，有语文书、音乐书、美术书，还有故事书。书里有许许多多的知识，我们打开它就像踏上了一级一级的阶梯，会不断取得进步。

3.学习生字"包"：这么多的书拿在手里可不方便，我们需要一个能把他们包在一起的东西——书包。出示"包"字，认识包字头。

4.今天我们就和朝夕相处的"小书包"一起来学习。（出示课题，齐读）

小书包里有好多宝贝呢，我们一起读读句子。（出示韵文的第一句话，指导朗读）

（二）结合学习用品，认识7个生字

1.请同学们打开书，看课文中的6个词语。已经认识的字，你就大声地读出来；不认识的字，就先借助拼音再多读几遍。

2.请一名同学领读，大家跟着一起读。

3.这么多宝贝都装在老师的小书包里，你最想和谁见面，就说出它的名字吧。

4.学生说学习用品名称，教师出示实物，学生学习生字。

5.大声朗读课文的第二句。说说自己的小书包里还有哪些宝贝。

6.做游戏复习生字。

（三）学写生字

1.观察"书"字，由横折、横折钩组成了一个楼梯的形状，还有一个竖和一个点。然后编小口诀记住"书"字：书是小阶梯，一竖到顶点。

2.学习书写"本"字。

①说一说：这个字和哪一个字比较像？（木）这个字该怎么写才好看？

②学生自己练习书写。

③展示评价。

（四）学习儿歌，认识两个生字。

1.引言：同学们字写得非常好。小书桌也有点凌乱了，你们能自己整理书桌吗？引导学生先整理笔盒再整理课本。用方位词，我把（　　）放在（　　）的（　　）边。

2.出示课文儿歌中的第三句话。（练习朗读）

"静悄悄"是什么意思？（形容非常安静没有声响）那一般在什么时候会是"静悄悄"的？

预设：夜里静悄悄。大山里静悄悄。站队时要静悄悄。

3.指导朗读。

4.学习韵文中的第四句话，认识生字"早"和"校"。

①学习"早"字。出示图片，体会日出的时候就是早晨。

②学习"校"字。"校"是左右结构的字，是形声字。

③指导朗读。

5.齐读韵文。

（五）课堂总结，布置作业

1.总结：今天我们一共认识了11个生字，会写了两个生字。

2.布置作业。自己整理书包。

（芜湖市大官山小学　徐婷）

【教学评价】本节课上，徐老师的识字教学充分体现了以教师为主导，以学生为主体，将学生的学习与生活紧密联系起来。成功之处主要体现在以下几个方面：

1.联系生活，激发兴趣。

低年级的语文教学首先应激发学生的学习兴趣，培养学生自主学习的意识和习惯。开课时，老师以送礼物的形式引出小书包里的文具等学习用品，这样从学生的生活实际入手，学生不仅认识这些学习用具，而且在生活中自己识字，为学生理解课文内容做好铺垫。

2.多样识字，扎实写字。

《语文课程标准》指出：第一学段要求学生喜欢学习汉字，有主动识字、写字的愿望。一年级的孩子还没有自主识字的能力，为了给孩子们构建识字的意识，培养学生识字的良好习惯，在识字教学中，针对不同类型、不同特征的生字，结合学生的生活实际，巧妙创设各种有趣的情境，充分调动学生的多种感官参与学习活动，引导学生运用多种方法识字，如加一加、减一减、换一换、猜字谜等方法，从而提高识字效率，让学生享受"学语文、用语文"的乐趣。

写字环节中，徐教师引导学生观察笔顺、结构，然后范写，再让学生描红临写，最后展示评价，给学生正面的引导，使孩子们真正投入到课堂学习中来。

3.动手实践，有序表达。

为了让学生从小养成爱护学习用品、主动整理学习用品的好习惯，徐老师开展了"整理书包"的小游戏，以培养孩子自我管理的能力，同时引导学生说一说是怎样整理书包的。这样既锻炼了学生的说话能力，又培养了学生的自我管理能力。通过活动让孩子们明白，每天怎样整理书包，并知道整理书包的重要性，学习整理书包。徐老师的这节识字课，既有趣又实用。

《小小消防队员——分类复习课》（数学绘本）

（苏教版《数学》一年级上册"分类"单元创编）

一、教学目标

1.通过观察画面，阅读故事内容，初步感知分类的意义。

2.通过动手操作，体验不同的分类角度，学会使用不同的分类方法，灵活运用分类技巧。

3.积极参与活动，大胆表达自己的想法和见解，感受绘本阅读的快乐。

二、教学重难点

重点：多角度思考，依据不同，分类不同。

难点：学会使用不同的分类方法，灵活运用分类技巧。

三、教学过程

（一）创设情境，激趣导入

1.出示一张照片，让学生说出感受（乱）。

2.让学生想办法排整齐。

生1：本子放在一起，书也放在一起。

生2：本子放进书包里。

生3：书、本子、铅笔盒分别放在一起。

3.展示分类之后的照片。

4.对比分类前和分类后，突出分类的好处。

（二）复习巩固，讲授新课

1.找不同：根据物体的特点找出每行中不同的一项。

在三角形、正方体、圆、长方形中，有的学生认为圆和其他的不同，圆的线条是弯曲的；有的学生认为正方体是不同的，因为正方体有多个面，是立体图形，而其他的是平面图形。

2.圈一圈，同类型的圈在一起。

出示几类水果图片，让学生将同类型的圈在一起。

3.观看视频《小小消防队员》。

三个小小消防队员马上要进行游行了，却发现衣服上的纽扣不见了，必须每套衣服配上四颗纽扣才可以，于是小狗点点找了一堆纽扣出来，指名学生回答找到的纽扣形状。

生：三角形、正方形、圆。

①按照形状来分。

让学生分组活动，将硬纸卡片按照形状进行分组，发现只有一组可以凑成四个，其余两组不可以。

②按照颜色来分。

让学生分组活动，将硬纸卡片按照颜色进行分组，发现只有两组可以凑成四个，剩余一组不可以。

③按照大小来分。

让学生分组活动，将硬纸卡片按照大小进行分组，发现每组都有两个圆、一个三角形、一个正方形，分成大中小三组。

（三）集中展示，教师小结

分类的意义，教会学生善于分类。

（池州市青阳县蓉城镇第二小学　陈刚）

【教学评价】这是一节题材新颖的数学课，用绘本的形式展现在课堂中，学生兴趣浓厚。教学目标明确，通过自主探索，明确分类的标准：按形状、颜色、大小进行分类；体现数学方法的多样性，利用动画展示和学生解说相结合的方式展示重难点。陈老师在整个教学过程中，节奏掌握恰当，留出时间让学生互相充分说一说，从交流中得出分类的标准。设计开放性的问题，注意知识点的延续，整节课生动有趣。

《用字母表示数》

(人教版《数学》五年级上册第五单元第1课)

一、教学目标

1.通过探究活动，学生能明白在什么情况下用数字表示，什么情况下用字母表示。

2.初步掌握用字母表示数的方法，会用含有字母的式子表示数量。

3.在具体的情境中经历用字母表示数的过程，提高学生的抽象能力和概括能力，培养符号化意识。

4.在探索数量关系的过程中，体会用字母表示数的优越性，感受数学的简洁美。

二、教学重难点

重点：理解用字母表示数的意义。

难点：会用字母表示数和含有字母的式子表示数量关系。

三、教学过程

(一) 师生交流，出示课题

师：我把咱们今天要学习的内容写在黑板上。（板书课题：用字母表示数）今天咱们要学什么？一起来读一下。

师：之前有没有学过用字母表示数？那你有没有碰到过用字母表示数的情况啊？

师：看到这个课题你有什么想问的吗？

（二）探索新知，理解用字母表示数的意义

1.让学生感知确定的用数字表示，不确定的用字母表示。

①出示一个信封，往信封里装粉笔，让学生说出粉笔的数量。

引导学生说出粉笔的数量是可以确定的。

②继续往信封里面装粉笔，但不让学生看见，让学生猜一猜粉笔的数量。

学生猜的数字可能不一样，引导学生说出粉笔的数量是不确定的。

2.让学生感知未知数也是有范围的。

师：我们虽然不确定是数字几，但有什么是我们能确定的东西呢？

师：虽然粉笔的数量是不确定的，我们在猜，但我们的猜是放在一个确定的范围内猜的，（猜下面写确定）那就是它一定比0要多，一定比50要小。（板书：0<粉笔的数量<50）

师：这个确定吗？至于这个确定的，我们通常把它叫作数的什么？（范围）

3.感受未知数如何比较大小。

①询问小朋友的年龄，询问老师的年龄，确定老师年龄的范围。

②询问老师的头发数量，询问图片上人物头发的数量，感受不同的未知数要用不同的字母来表示。

③用两个信封分别装粉笔，比较两个信封里粉笔的多少，引导学生说出a>b、a<b、a=b这三种可能。

4.理解用字母表示数和数量的关系。

师：会场里一共有多少个人？一共有多少个同学？一共有多少个老

师？老师的数量可以怎样表示？（请学生画线段图或画集合图来理解数量关系）

（三）全课总结：

师：这节课你学会了什么？

（芜湖市镜湖小学　刘琳）

【教学评价】刘老师在一个信封里装上粉笔，让学生猜一猜数量，进而引发学生的好奇心，激发学生的学习欲望，让学生明白用字母表示数字的含义，知道用一个字母可以表示任意一个数，再结合教师的年龄和学生的实际年龄引发学生思考，学会解决问题，知道用字母列出式子。

刘老师上课比较细致，强调学生容易错的地方；字母表示数，含字母的式子表示什么，让学生思考字母在具体情境中的取值范围，再带入计算中，强调学生口述计算格式；讲解清晰，对待学生有耐心，关注有问题的学生，在讲解关系式时，让学生不断读题理解。

《圆的认识》

（人教版《数学》六年级上册第五单元第1课）

一、教学目标

1.学生在探究活动中感受并发现圆的有关特征，知道什么是圆的圆心、半径和直径；学会借助工具画圆，学会用圆规画指定大小的圆。

2.学生在活动中进一步积累认识图形的学习经验，增强空间观念，发展数学思维能力。进一步体验图形与生活的联系，感受平面图形的学习价值，提高学习的兴趣和学好数学的信心。

3.感受圆的美、生活的美，培养学生的审美能力。

二、教学重难点

重点：掌握圆的特征，理解同圆或等圆中半径与直径的关系。

难点：在动手操作、观察、交流与研讨中总结归纳圆的特征。

三、教学过程

（一）生活中"寻找圆"

1.初步感知圆。

教师介绍、图片欣赏。

2.让学生寻找生活中的圆。

3.视频播放，欣赏大自然中的圆。

4.揭题。

（二）动手中"认识圆"

1.画圆，认识圆心、半径。

引导学生尝试独立画圆，并在画圆的过程中认识圆心、半径以及它们的特征。

2.剪圆，了解圆是曲线图形。

学生通过剪的过程，体会到圆与以前学过的平面图形的区别。

3.折圆，探究直径概念、特征。

学生合作，通过折、量、比等多种方式，探究直径。

4.小知识介绍：什么叫"一中同长也"？

（引导学生结合掌握的知识说一说自己的理解）

（三）应用中"再悟圆"

1.说一说。

2.比一比。

3.画一个直径为4厘米的圆。

4.在边长6厘米的正方形里画一个最大的圆。

5.老师想在舞蹈房的正中央画一个最大的圆供大家做游戏。

（第3、4、5三道画圆题，让学生根据情况，有选择地完成）

（四）延伸中"欣赏圆"

1.再次感受大自然中的圆。

2.知识拓展，鼓励学生课后借助网络和其他渠道去继续探究圆。

3.再次欣赏圆的美，并感受到圆无处不在。

4.圆的寓意。

（芜湖市龙湖中心小学　盛亚仙）

【教学评价】盛老师这节课的教学设计别具一格，导入部分以石子投入湖面形成一个圆开篇，激发学生学习的兴趣；从已有生活经验出发，引导学生自主探究，合作交流，掌握新知，积累方法。在主题学习中，启发学生动手，将圆片折一折、画一画、量一量，从折痕中发现：半径等长、半径和直径的条数无限多等，使学生在"做数学的过程"中主动获取知识，发展思维能力，建立空间观念。利用多媒体教学直观化，展示图形教学的生动性。

《漏》（第一课时）

（人教版统编教材《语文》三年级下册第八单元第27课）

一、教学目标

1.认识"婆""脊"等8个生字，会写"漏""贼"两个字。

2.分角色朗读第一至十二自然段，体会老虎和贼的心理活动，感受故事的趣味。

3.在学习中理解并运用转述这种方法来转述别人的心理活动。

二、教学重难点

重点：分角色朗读第一至十二自然段，体会老虎和贼的心理活动，感受故事的趣味。

难点：在学习中理解并运用转述这种方法来转述别人的心理活动。

三、教学过程

（一）交流熟悉的民间故事，引入新课

1.多媒体出示《咕咚》《寒号鸟》《牛郎织女》的图片，请学生说说这些故事的名字。

老师出示课题《漏》，齐读课题。

2.板书课题。

结合板书，指导"漏"的书写，左窄右宽，撇要舒展，雨字稍宽。

（二）初读感知，梳理内容

1.自由朗读课文，读准字音，读通句子，难读的地方多读几遍。

2.出示生词，相机正音。

重点指导"脊""贼""纵"的读音。

3.书写生字"贼"。

4.生思考回答："漏"究竟是什么？老虎和贼以为"漏"是什么？

（三）学习第一至十二自然段，借助提示复述

1.默读第一至十二自然段，根据图片说说老虎和贼活动地点的变化。

（老师相机板书：一户人家——逃跑路上——歪脖老树）

2.学会转述，在朗读中体会故事的趣味。

思考：这部分故事内容中，你觉得哪些描写最有意思？（生交流）

老师相机出示老虎和贼的心理活动。

①老虎趴在驴圈里想："翻山越岭我什么都见过，就是没见过'漏'，莫非'漏'比我还厉害？"

贼蹲在屋顶上想："走南闯北我什么都听说过，就是没听说过'漏'，莫非'漏'比我还厉害？"

相机理解"莫非"的含义。

思考：这句话应该怎么读？指名读出疑问的语气。

出示：

老虎趴在驴圈里想："翻山越岭我什么都见过，就是没见过'漏'，莫非'漏'比我还厉害？"

老虎趴在驴圈里想，翻山越岭他什么都见过，就是没见过"漏"，莫非"漏"比他还厉害？

生观察，说发现，师相机出示并理解转述的要点：意思不变人称变，标点符号跟着变。

指名转述这句话——贼蹲在屋顶上想："走南闯北我什么都听说过，就是没听说过'漏'，莫非'漏'比我还厉害？"

②多种形式朗读，感受人物心理

出示：

"坏事，'漏'捉我来了！""坏事，'漏'等着吃我哩！"男女生比赛读，体会心里害怕的感觉。

"'漏'真厉害，像粘胶样，贴住我了。到树跟前，得把它蹭下来，好逃命。"

"'漏'真厉害，旋风一样，停都不停，一定是驮到家再吃我。到树跟前，得想法蹿上去，好逃命。"

理解"粘胶""旋风"的意思，师生合作读，感受对"漏"的害怕。

终于甩掉"漏"了！终于甩掉"漏"了！齐读体会贼和老虎逃命后的激动、开心。

（四）课外拓展

推荐阅读《中国民间故事》《外国民间故事》。

（芜湖市育红小学旭日天都分校　陈静）

【教学评价】《漏》是三年级下册第八单元中的一篇民间故事，故事围绕"漏"展开，老虎和贼对"漏"极其害怕的心理导致他们不辨真伪，盲目逃窜，下场可笑。课文情节有趣，可以很好地抓住孩子们的注意力。在上本节课时，陈老师从题目"漏"导入，先写好字，再理解"漏"在字典中的意思，最后导入课文。在课文内容教授的过程中，陈老师让孩子们找到老虎和贼活动地点的变化，在此基础上，主要针对前半部分内容的趣味性进行教学，在教学这部分内容的时候，陈老师采用了以读促悟的方法，采用小组读，男女生读，同桌合作读的方式去把握老虎和贼的心理活动。陈老师将课堂充分交给学生，体现了以生为本的理念，孩子们在朗读中把握了课文内容，感受到语文学习的趣味性。另外，统编版《语文》教材非常注重语文要素的落实，在本课所在单元的单元要素是复述，为了孩子们更好地进行课文复述，语文园地中出现了转述这一方法。陈老师关注到这一点，将转述这一方法融入本课教学中，并为了方便孩子们记忆用口诀的方式概括了转述的特点，朗朗上口，通俗易懂。在孩子们了解转述以后，再将这种方法运用到复述课文内容当中，事半功倍，使得本单元的语文要素得到充分落实。

后　记

　　阳春三月，草长莺飞，又是充满希望的一年。从成为全国"第二期领航名校长"队伍的一员到现在，四年多的时间一晃而过。忙忙碌碌中，大凉山的马海克启校长会打来电话，还是和我在支教的时候一样，或说说学校又得了哪些奖，兴奋溢于言表，或讲讲最近的烦恼，让我给支个招，更希望疫情过后，能带领老师们再到芜湖市师范学校附属小学跟岗、交流。教育部领航校长群依旧很热闹，学校里开展的教育教学改革实验和活动，校长们毫无保留地分享；一起去俄罗斯研修的校长同学忙里偷闲，一直保持电话、微信联络沟通。国家教育行政学院郭垒主任，教育部中小学校长和幼儿园园长国家级培训项目管理办公室于维涛主任、柏丹主任、王毅主任随时随地引领校长们行走在领航之旅。生命对生命的影响，就是通过点燃，激发自我创造精神，助力生命自信；通过点悟，唤醒自我发现意识，催发生命自明；通过点化，生成自我发展智慧，促进生命自觉！想起一路走来的领航之旅，触动内心，深以为然。

　　教育部刘利民副部长在领航班开班仪式讲话中指出：名校长"名"在何处？名在信仰坚守，名在思想引领，名在实践创新，名在社会担当。作为领航校长，平日虽身处一校之教育，为着一群学生，但立意却更应在千万家庭、民族未来、祖国命运和前途。只有校长有了这种崇高境界和胸怀，才有可能成为团队的精神领袖，才能领航未来。

从2018年到2022年，不知不觉间，在导师和校长同学们的陪伴与鼓励下，在教育部领航名校长赵玲工作室教育共同体同仁们的支持下，芜湖市师范学校附属小学教育集团以党建引领，党旗、团旗、队旗"三旗联动"，将立德树人根本任务扎扎实实落在实处，"大思政"育人格局初现端倪，学生阳光自信，教师成长迅速，办学成果显著，成为老百姓心目中最满意的学校，也成为省内外素质教育的窗口学校。工作室校长们有的成为集团校总校长、有的专业发展成果丰硕，有的学校从乡村小学成为了直属小学、有的学校特色办学成果日益显现……我们都在不懈地生长，带领着一群人朝着阳光努力前行。

教育部第二期领航名校长的学习已经结束了。学习、工作之余的随手记录，着手整理起来，却发现那些人、那些事仍然历历在目，依旧让我感动不已。从伏尔加河到大凉山，完美收官的脱贫攻坚有我们的辛勤汗水、教育共同体学校的成长有团队的共同努力。难忘北京师范大学校长培训学院陈锁明院长手把手地悉心指导，难忘领航班名校长们的友谊与合作，难忘教育部领航名校长赵玲工作室中来自全国各地23位校长对教育的满腔热情，难忘大凉山支教队骨干教师刘施俊、汪勇、牛慧洁、王安平、汪小宾、李伟出发前的铿锵誓言，难忘教育部领航名校长赵玲工作室成员校骨干教师高水平的课堂教学让大山里的老师连连赞叹……未来已来，领航之旅，我们一直在路上。

壬寅年季春于江城芜湖

▼▼
▼▼
▼